HANS ASPERGER, AUTISMO Y TERCER REICH
EN BUSCA DE LA VERDAD HISTÓRICA

De Herwig Czech

Posfacio a cargo de
Enric Berenguer

Adaptación a cargo de
Júlia Ibarz

Herwig Czech

HANS ASPERGER, AUTISMO Y TERCER REICH

En busca de la verdad histórica

© Herwig Czech, 2019

© Del posfacio: Enric Berenguer

© Adaptación a cargo de Júlia Ibarz

Corrección: Marta Beltrán Bahón

Cubierta: Juan Pablo Venditti

De la imagen de cubierta: University Children's Hospital, Vienna: the play area. Photograph, 1921. Credit: Wellcome Collection. CC BY

Derechos reservados para todas las ediciones en castellano

© Ned ediciones, 2019
Reimpresión, 2020

Preimpresión: Editor Service, S.L.
Diagonal, 299, entlo. 1ª – 08013 Barcelona

ISBN: 978-84-16737-64-2
Depósito Legal: B.16830-2019

Impreso en ServicePoint
Printed in Spain

La reproducción total o parcial de esta obra sin el consentimiento expreso de los titulares del *copyright* está prohibida al amparo de la legislación vigente.

Ned ediciones
www.nedediciones.com

ÍNDICE

Más cerca de la verdad histórica 9

Una vida no tan de película 15

Los años de formación ideológica 21

La carrera médica de Asperger antes
de la *Anschluss* 33

Trayectoria política tras la *Anschluss* en 1938 41

Los pequeños pacientes judíos de Asperger 55

«El mejor servicio a nuestro *Volk*»: Asperger
y la higiene racial nazi 65

Límites de la «educabilidad»: Asperger y la clínica
para la «eutanasia» Spiegelgrund 97

Los diagnósticos de Asperger comparados con los de
Spiegelgrund 115

Asperger en los años de posguerra 129

Conclusiones: La ambigüedad peligrosa 139

Documentación 151

Agradecimientos 153

Bibliografía 155

Notas 173

Posfacio. El lado oscuro de clasificar a las personas .. 197
Enric Berenguer

MÁS CERCA DE LA VERDAD HISTÓRICA[1]

En la *Heilpädagogik* estábamos en estrecho contacto con niños perturbados y retrasados mentales. No se puede hacer otra cosa que reconocer el valor que tienen y quererlos. ¿Cuál es su valor? Pertenecen a una colectividad. Son indispensables para algunas tareas, pero también para el *ethos* de un país. Con ellos se aprende que las personas estamos comprometidas con otras personas. Es completamente inhumano (y eso se demostró con sus horrorosas consecuencias) que se constituya el concepto de «vida sin valor» y que de eso se saquen conclusiones. Y como yo nunca estuve dispuesto a sacar esas conclusiones, es decir, a notificar a la Oficina de Salud Pública a los retrasados mentales como se nos había encargado que hiciéramos, era una situación muy peligrosa para mí.

Entrevista para la ORF, radio pública austríaca,
24 de diciembre de 1974.

Dos días antes del ingreso actuaba como una loca, hablaba de una persecución antijudía, se mostraba atemorizada en extremo, ella misma se preguntaba si estaba confundida o loca. Creyó que un conocido judío había muerto ahorcado, pero

---

1. Este texto se publicó por primera vez con el título «Hans Asperger, National Socialism and "race hygiene" in Nazi-era Vienna», en la revista *Molecular Autism*. Ha sido adaptado a esta edición por Júlia Ibarz.

fue posible convencerla de que eso no era cierto. [...] Para su edad y raza, un desarrollo sexual llamativamente atrasado.
Historial clínico de la niña Lizzy Hofbauer, 1939.

Estas palabras pertenecen a una misma persona, a Hans Asperger (1906-1980), el médico vienés conocido como el pionero de los estudios sobre el autismo, de quien se tomó el apellido para bautizar un famoso síndrome. Entre un pasaje y otro hay una inconfundible y sorprendente diferencia en el tono: en el primero, una entrevista para la radio pública austríaca de 1974, cuando su fama como médico estaba establecida, destacaba su humanidad en el trato con sus pacientes y su desacuerdo con las prácticas del nazismo. El segundo fragmento es un extracto del historial clínico de una niña judía de 12 años escrito por el mismo médico, al año siguiente de producirse la anexión de Austria al Tercer Reich: es difícil percibir en sus palabras algún rastro de empatía con la situación de la niña.

En 1938, cinco años antes de que Leo Kanner publicara su famoso artículo sobre autismo, el pediatra austríaco Hans Asperger definió como «psicópatas autísticos» a un grupo de niños con características psíquicas distintivas. Asperger desarrolló su carrera en la Viena nazi y hacia el final de la Segunda Guerra Mundial publicó un estudio exhaustivo sobre el síndrome que descubrió. Después de su muerte, su tesis encontró reconocimiento internacional y a partir de los años 1980 su trabajo pionero fue reconocido con el epónimo «síndrome de Asperger» para dar nombre a una forma del trastorno del espectro autista de alto funcionamiento. Su nombre había entrado en la historia de la medicina teñido de connotaciones positivas.

En los años 1980 existían pocas pruebas documentales sobre la relación de Asperger con el fascismo. El conocimiento sobre los hechos de su vida y su carrera era limitado y, con el tiempo, se fue fortaleciendo un relato acerca de un Asperger como oponente activo del nazismo, que el mismo médico contribuyó a construir. En aquel momento, el hecho de que los años decisivos de la carrera de Asperger hubieran transcurrido en la Viena fascista de los años 1940 fue motivo de alguna discreta controversia que nunca llegó a tomar cuerpo: su figura quedó asociada a la de un defensor de los niños, también durante el nazismo. Es algo que no deja de ser sorprendente, puesto que su exitosa carrera en la Viena controlada por los nazis debería haber planteado de inmediato interrogantes acerca de su potencial implicación política o profesional con el nacionalsocialismo. Hasta casi nuestros días, las investigaciones sobre este tema habían tendido a pasar por alto cualquier implicación por parte de Asperger y se llegó a postular, incluso, que había adoptado una posición de resistencia activa contra el nazismo. Sin embargo, con pocas excepciones, estos juicios se basan en un limitado número de fuentes: unos pocos pasajes de las publicaciones de Asperger durante la era nazi, especialmente una conferencia de 1938 que contiene las primeras referencias a «psicópatas autísticos»[1] y su tesis posdoctoral,[2] además de afirmaciones posteriores a 1945 del propio Asperger o de personas cercanas a él y, sobre todo, la entrevista radiofónica autoexculpatoria que concedió en 1974 a la Radiodifusión Austríaca.[3] Finalmente, gracias a nuestro trabajo de investigación que empezamos a partir de 2008, descubrimos y revisamos nuevos y numerosos documentos que cuestionaban seriamente importantes aspectos de su trabajo, incluyendo sus posibles vínculos con el nacionalsocialismo y las políticas homicidas de higiene racial.

El principal objetivo de este libro es presentar a los lectores un examen crítico de la vida del médico, de sus posiciones políticas y de su carrera antes y durante el período nazi en Austria: una nueva lectura de la carrera de Asperger más cercana a la verdad. Hemos evaluado y deconstruido este relato beatífico del médico vienés basándonos en una amplia gama de publicaciones y documentos de archivo de esos años trágicos del fascismo previamente inexplorados —incluso los expedientes laborales de Asperger, los casos de los pacientes menores de edad escritos por Asperger y sus colegas desde 1928 a 1944, y los informes clínicos redactados por él personalmente—. Durante mucho tiempo se creyó que todos estos documentos habían sido destruidos en la Segunda Guerra Mundial pero no fue así. Hoy los tenemos a nuestra disposición y arrojan nueva luz sobre el destino de los pequeños pacientes de Asperger durante el período nazi.[4]

El cuadro que emerge es el de un hombre que consiguió dar impulso a su carrera bajo el régimen nazi, manteniendo una actitud política e ideológica ambigua. Esto no se debió únicamente a las oportunidades que se crearon para los profesionales como Asperger tras la expulsión de los médicos judíos a partir de las turbulencias políticas tras la anexión de Austria a la Alemania nazi en 1938: Asperger consiguió adaptarse al régimen nazi y fue recompensado con oportunidades profesionales por sus afirmaciones de lealtad, se unió a diversas organizaciones afiliadas al Partido Nacionalsocialista aunque no al propio partido, legitimó públicamente las políticas de higiene racial, incluyendo las esterilizaciones forzosas y, en diversas ocasiones, cooperó activamente con el programa de «eutanasia» infantil. El lenguaje que empleó para diagnosticar a sus pacientes a menudo resultaba particularmente duro —incluso si lo comparamos con informes escritos por el equipo de Spiegelgrund, la infame institución vienesa dedicada al programa de «eutanasia» infantil—, desmintiendo la idea de que intentó proteger a los niños bajo su cuidado mejorando sus diagnósticos.

Como van a poder leer en estas páginas, a pesar de la fama internacional de Hans Asperger como uno de los pioneros en la historia del autismo, el relato de Asperger como opuesto al nacionalsocialismo y como un valiente defensor de sus pacientes frente al exterminio de personas con discapacidades mentales y otras medidas de higiene racial no se sostiene frente a los datos de la historia. Lo que de ellos emerge es un papel mucho más oscuro y problemático desempeñado por este especialista pediátrico, que hizo concesiones políticas a la ideología nazi. El uso futuro de su nombre para referirse al síndrome epónimo debería reflejar el turbio contexto de sus orígenes en la Viena del Tercer Reich.

Una vida no tan de película

Es bueno que un hombre sepa cómo actúa cuando está en peligro de muerte en medio del silbido de las balas. Es un campo de pruebas. Un campo en el que uno debe también cuidar a otras personas.

Hans Asperger[5]

Antes de proceder con nuestra investigación, haremos una somera revisión de la literatura existente sobre la vida y la carrera de Asperger en la era nazi, como muestra de las interpretaciones sesgadas que se han ido propagando hasta hoy en la narración de su trayectoria vital.

Las dos principales encargadas de inaugurar la narración beatífica sobre la vida de Asperger fueron dos investigadoras de Gran Bretaña. El influyente trabajo de Lorna Wing de 1981, que introdujo y popularizó el término «síndrome de Asperger», no hacía ninguna referencia al contexto histórico del trabajo del médico austríaco.[6] Tampoco en un texto de Uta Frith de 1991, titulado «Asperger y su síndrome», se mencionaba apenas el nacionalsocialismo en las páginas dedicadas a la vida personal y profesional vienesa de Asperger durante los años 1930 y 1940. Frith afirmaba tajantemente, basándose en su lectura del artículo de Asperger de 1944 sobre «psicópatas autísticos»: «Está claro que a Asperger le importaban esos niños, que para la mayoría de la gente eran simples mocosos repulsivos».[7] El texto de esta investigadora estableció lo que se convertiría en la visión más común sobre el comportamiento de Asperger durante el período nazi, es decir, la narración idealizada de que defendió a sus pacientes asumiendo un grave riesgo personal. Seguía la investigadora: «Lejos de despreciar a los deshechos sociales, se dedicó a su causa... y ello en una época en que apoyar a los inadaptados era nada menos que peligroso». Sin suficientes pruebas, defendió a Asperger de las acusaciones de «lealtad a la ideología nazi» que se habían empezado a levantar por su temprano compromiso con el Movimiento Juvenil Alemán.[8] Eric Schopler, uno de los más encarnizados críticos de Asperger, se contaba entre quienes habían planteado explícitamente esta temprana conexión filonazi pero, según parece, no tenía pruebas para sustentar sus acusaciones.[9] Frith publicó una traducción anotada al inglés del trabajo de Asperger de 1944, y su único comentario acerca del origen de este trabajo en plena Viena nazi fue que el artículo del médico sólo contenía una referencia a la «ideología fascista en una época en la que hubiera resultado oportuno hacer muchas más referencias sobre ello».[10]

Tras décadas durante las cuales se ignoraba el contexto nacionalsocialista en el que trabajó Asperger en los inicios de su exitosa carrera, encontramos las primeras menciones a principios del siglo XXI, sin que ninguna de ellas abandone la narrativa idealizada del médico como defensor antinazi. El primer trabajo que abordaba explícitamente su labor durante el nacionalsocialismo fue el de Brita Schirmer, quien dejaba claro su posicionamiento desde el mismo subtítulo de su texto: «La defensa por parte de Hans Asperger de los "psicópatas autísticos" contra el eugenismo nazi».[11] Siguiendo esta línea, un artículo de Helmut Gröger del año siguiente, también en alemán, examinaba posibles influencias de la ideología racial nazi en los trabajos publicados de Asperger y concluía, —tras citar 23 de su publicaciones desde 1937 hasta 1974— que, por lo general, el médico «evitaba los temas propios de la ideología racial» y mantenía una «actitud crítica, diferenciada». Seguía reconociendo el mérito de Asperger por su papel como protector de sus pacientes, defensor de su valor como seres humanos, además de reclamar que fueran atendidos con amor y cariño.[12] Aunque, y esto resulta particularmente interesante, Gröger no dejaba de mencionar —sin comentar las implicaciones que ello tenía— que Asperger «aparecía» en el expediente de una niña de tres años de edad con deficiencias mentales que fue enviada a la clínica dedicada a la «eutanasia» Spiegelgrund de Viena.[13]

Sin embargo, desde 2005 empezaron a aparecer grietas en el relato predominantemente apologético de la carrera de Asperger durante el nazismo, gracias al trabajo de Michael Hubenstorf. El investigador presentaba en un artículo las estrechas relaciones entre la Clínica Pediátrica de la Universidad de Viena, donde trabajaba Asperger, y la institución para la «eutanasia» Spiegelgrund, incluyendo los lazos entre Asperger y el director de esa institución homicida, el nazi Erwin Jekelius, que son particularmente importantes en el contexto de este trabajo.[14] Hubenstorf documentaba, además, las relaciones —de las que trataremos más adelante— entre Asperger y su mentor Franz Hamburger, un ferviente ideólogo nazi.[15] No es nada desdeñable que la propia hija del médico, María Asperger Felder, basándose, entre otros, en el trabajo de Hubenstorf, en documentos personales y en sus propios recuerdos, publicara un retrato matizado de su padre sin eludir su posible implicación en el nacionalsocialismo, aunque sin añadir nuevos datos significativos.[16] Más tarde, otro investigador, Daniel Kondziella, en un artículo de 2009 sobre 30 epónimos neurológicos asociados a la era nazi, incluyó a Hans Asperger entre los «médicos con un papel ambivalente», porque «había sido acusado, sin un fundamento sólido, de mostrar simpatía por la política nazi», mientras que también «había defendido con cautela a niños mentalmente deficientes».[17] Y ya en 2010, en el simposio que tuvo lugar con ocasión del trigésimo aniversario de la muerte de Asperger, presentamos algunos resultados preliminares de nuestra propia investigación, que fueron publicados en las actas de la conferencia.[18] En el mismo volumen, Helmut Gröger argumentaba en la misma dirección de su artículo de 2003 antes citado, mientras que Roxane Sousek e Ina Friedman se abstenían de presentar una imagen idealizada de Asperger y de la escuela austríaca de pedagogía curativa.[19]

Así pues, mientras que en publicaciones de lengua alemana habían empezado a surgir pruebas de los aspectos problemáticos de la carrera de Asperger, a menudo los autores del mundo anglosajón seguían perpetuando un relato esencialmente apologético, basándose en la cantidad muy limitada de fuentes que les eran accesibles. En 2007, una carta al director de una de las principales publicaciones sobre autismo aseguraba que Asperger «intentó proteger a aquellos niños para que no fueran enviados a campos de concentración durante la Segunda Guerra Mundial», afirmación que, como mínimo, es confusa, ya que la «eutanasia» infantil no tiene nada que ver con los campos de concentración.[20] Otro ejemplo de la brecha creciente entre la literatura alemana y la anglosajona acerca del tema es un libro de Adam Feinstein sobre la historia del autismo, de 2010, donde todavía se sigue tirando del hilo de vida fantástica de Asperger: el autor calificó las referencias afirmativas a la ideología nazi en algunos de los trabajos de Asperger como una táctica deliberada para engañar a «los nazis» acerca de sus verdaderas intenciones, esto es, para proteger a sus pacientes.[21] Y ya para rizar el rizo, el libro divulgativo de Steve Silberman de 2015, *NeuroTribes*, llega hasta el extremo de presentar a Asperger como un héroe de película, un protector antinazi de sus pacientes, al modo de un Oskar Schindler de los niños con autismo.

Finalmente, no podemos olvidar mencionar el libro de John Donvan y Caren Zucker, *In a different key*. Fue la primera publicación en lengua inglesa que rompió con la versión peliculera de Asperger como contrincante activo de la higiene racial. Sus autores introducen elementos críticos, antes desconocidos, al debate sobre su trayectoria durante el régimen nazi. Este cambio de dirección se basa principalmente en fuentes que compartimos con los autores.[22]

En conclusión, aunque la naturaleza exacta de la relación de Asperger con el nacionalsocialismo ha sido durante mucho tiempo el gran problema que los investigadores se empeñaban en ignorar, las preguntas que deberíamos hacernos para poder reconstruir la carrera del médico o bien no se han formulado en absoluto, o bien se han respondido basándose en un número demasiado limitado de fuentes. A continuación presentaremos un retrato mucho más multifacético, una vida no tan de película de la carrera de Asperger durante la era nazi y del contexto histórico de los orígenes del autismo, partiendo para ello de un cuerpo amplio de fuentes, muchas de las cuales se darán a conocer aquí por vez primera.

Los años de formación ideológica

Cuando se produjo la fusión entre Austria y Alemania conocida como *Anschluss*, Asperger compartía suficientes afinidades ideológicas con el Partido Nacionalsocialista, para el cual terminaría siendo un compañero de viaje creíble tras algunas investigaciones políticas. Aun sin llegar a adoptar explícitamente el nacionalsocialismo, como veremos, Asperger siguió desarrollando su carrera en un momento en que para muchos otros profesionales clasificados como judíos o políticamente indeseables la única alternativa frente a la deportación o la muerte era exiliarse en el extranjero o tratar de mantener un perfil bajo en forma de reprimida oposición. Para entender cómo se posicionó Asperger en relación al régimen nazi después del 12 de marzo de 1938 y por qué encontró que tenía las suficientes cosas en común con el nacionalsocialismo, primero es necesario examinar la construcción de su orientación política durante los años de formación: esos años de juventud son determinantes para descubrir las afinidades ideológicas y las elecciones vitales de Asperger, pues entonces todavía había un espectro de opciones políticas diferenciadas entre las que elegir.

En palabras del propio Asperger, su experiencia formativa fundamental dentro del polarizado paisaje político de la depauperada Austria de entreguerras tuvo lugar como miembro de la llamada Bund Neuland. Conocida popularmente como Neuland, se trataba de una organización juvenil católica orientada a las actividades al aire libre, con raíces en el Wandervogel alemán —un movimiento juvenil con una fuerte tendencia hacia el pangermanismo etnonacionalista que fue el suelo fértil para el crecimiento del nazismo— y el Movimiento de la Juventud Alemana. Que Asperger, un joven austríaco, se adhiriera a estas creencias implicaba cierta afinidad con la idea de una integración austroalemana.[23] En 1914, el 92% de los grupos integrados en el movimiento Wandervogel carecían de miembros judíos, tanto en Alemania como en Austria, debido sobre todo a la existencia de reglas antijudías oficiales.[24]

Fundado en 1921 en Austria, el Bund surgió de una escisión de la Unión Estudiantil Cristiana Social (CDSB, por sus siglas en alemán), pero enfatizaba sus afinidades con el Movimiento de la Juventud Alemana tal como estaba representado por la «fórmula Meißner», según la cual la juventud debía dar forma a su propia vida y hacerse responsable de sí mismos.[25] En la entrevista para la radio de 1974, Asperger describió con gratitud cómo influyó el Bund en su experiencia de la juventud, al que ingresó en torno a 1920. Esa influencia lo marcaría ideológicamente a lo largo de toda su vida, aunque en términos generales su descripción del Bund era apolítica: «La experiencia más decisiva de mi juventud, de mi vida, en realidad, fue tomar parte en el movimiento de la juventud alemana, que considero uno de los fenómenos más nobles y magníficos de la historia del siglo XX».[26]

En la misma entrevista mencionaba la «fórmula Meißner» como el pilar que había conformado los principios rectores de su vida. Después de la Primera Guerra Mundial, los encuentros de los muchachos que formaban la CDSB se saturaron de propaganda antijudía agresiva que incluía llamadas al boicot de los negocios judíos, tendencias xenófobas que se compartían entre los jóvenes exaltados del Bund Neuland.[27]

La influencia intelectual que el Bund, una organización elitista con una dirección carismática, llegó a ejercer fue más allá de lo que podría sugerir el número de sus miembros, aproximadamente unos 2.000.[28] El grupo se definía a sí mismo como cristiano, católico y pangermano, mostrando una fuerte oposición contra todo lo que se percibiera como marxista-izquierdista, liberal o moderno, categoría en la que también entraba la democracia parlamentaria —basta consultar, a modo de ejemplo, los artículos publicados en el periódico del Bund Neuland, *Neue Jugend*, de 1935 a 1937—. Como cabe esperar, había cierto grado de diversidad política dentro del grupo, lo que ha provocado que algunos historiadores clasificaran equivocadamente al Bund como una organización católica «socialmente progresista», porque algunos de sus miembros llegaron a apoyar ciertas reformas sociales para atraer a los trabajadores al seno de la Iglesia.[29] Sin embargo, en sus principios fundamentales, el Bund se mantenía cercano a las corrientes fascistas y autoritarias de la época.[30] Un boceto del programa de 1931 nos confirma sus posiciones: declaraba su oposición al estado democrático «en su forma actual» y afirmaba que «la equivalencia entre el *Volk* y el Estado conduce necesariamente al ideal del Gran Imperio Alemán».[31]

Durante los años 1930, grupos pertenecientes a las Juventudes Hitlerianas y miembros de otras organizaciones nazis se infiltraron en numerosas secciones del Bund.[32] Entre los años 1935 y 1936, los informes emitidos por la prensa estimaban que el 20% de los miembros de la católica Bund Neuland eran nazis, entonces ilegales en Austria.[33] El relato mejor acreditado de su historia establece que «una mayoría predominante del Bund estaba orientada hacia el pangermanismo, apoyaba la unificación de Austria con Alemania y, en el mejor de los casos, era indiferente respecto al nacionalsocialismo». Y todo ello a pesar de que la política oficial de la organización juvenil seguía consistiendo en identificar y excluir a las células de las Juventudes Hitlerianas infiltradas.[34] El ejemplo más llamativo de esta penetración ideológica que se producía en el seno del Bund lo constituye su propio líder, Anton Böhm (1904-1998). Böhm se unió al Partido Nacionalsocialista (NSDAP) en 1933 y siguió siendo un miembro «ilegal» de este partido hasta la *Anschluss* de 1938, llegando incluso a desempeñar el papel de informante para los servicios nazis austríacos de inteligencia y para la Gestapo en Múnich.[35] Gracias a la abundancia de documentación, se puede sostener que el Bund constituía uno de los anclajes y enlaces intelectuales más importantes del nazismo dentro del poderoso ambiente del catolicismo austríaco durante esos años cruciales que culminarían con la *Anschluss*.[36]

En 1933, el líder Böhm publicó un comentario programático revelador en la revista de la asociación sobre la situación política posterior al ascenso al poder de los nazis en Alemania, haciendo referencia también a la persecución de la población judía: «No cabe ninguna duda de que la fuerte influencia judía en Alemania ha tenido consecuencias malignas. Por tanto, las medidas antijudías en Alemania están justificadas como actos de autodefensa nacional».[37]

No fueron las únicas palabras de apoyo explícitas para con el nacionalsocialismo. En los años siguientes, el Bund publicó varios artículos que apoyaban las persecuciones antijudías en la Alemania nazi.[38] Un ejemplo que aúna la idealización romántica del mundo rural con la tajante visión fascista del movimiento juvenil católico, que denunciaba una corrupción urbana cuyos culpables ya se han determinado: [antes de la toma de control del NSDAP] «La civilización metropolitana era en un 80% un producto judío y su poder sobre Alemania era casi absoluto. Hay que poner fin a esta situación de un modo rápido y radical».[39] La portavocía oficial del Bund también denunciaba a la «prensa judía» vienesa como una influencia corrosiva en la vida pública de Austria, atacaba a los judíos como un elemento ajeno incrustado en la población austríaca germano-católica y alertaba contra los peligros de los matrimonios mixtos «raciales» y religiosos.[40]

Sin embargo, a pesar de que la revista del Bund daba la bienvenida a las políticas alemanas nazis antijudías, su posición frente al nacionalsocialismo tomado en su conjunto era más compleja. El Bund compartía con el Partido Nacionalsocialista el desprecio por la democracia parlamentaria y por todas las formas de modernismo intelectual y cultural, así como la glorificación del *Volk* germano como base para la regeneración cultural, pero contemplaba al Partido Nacionalsocialista con la misma actitud de sospecha que mantenía para con los demás partidos políticos. Para el Bund, el catolicismo seguía siendo su principal punto de referencia y su juicio respecto al todopoderoso Partido Nacionalsocialista Obrero Alemán se construía principalmente en función de sus políticas hacia la Iglesia. En 1933, Böhm indicó que la organización apoyaría la «revolución nacional» de los nazis en Alemania si Hitler estaba dispuesto a acentuar las tendencias anticapitalistas de su movimiento y, cuestión aún más importante, aseguraba un lugar preeminente dentro del Tercer Reich —a su juicio, el que les correspondía— a la Iglesia católica y a la cristiandad en general.[41] En el siguiente número de la revista, Böhm exigía directamente la integración de los nazis dentro del gobierno austríaco.[42]

¿Dónde se ubicaba Asperger dentro de esta organización juvenil? Estos jóvenes de entreguerras, entusiastas de sus ideales y a los que hoy quizás llamaríamos «activistas» estaban lejos de pertenecer a un grupo ideológicamente homogéneo. Asperger pertenecía al sector llamado *Fahrende Scholaren* (estudiantes errantes), parte de la facción marcada y decididamente derechista del Bund. Además, se relacionaba con el círculo de los llamados «vitalistas románticos» establecido en torno a Michael Pfliegler (1891-1972) —un sacerdote católico que fue miembro fundador del Bund— y al líder del Bund, Anton Böhm, cuyas opiniones antisemíticas y radicales acabamos de explorar.[43]

Dentro de la organización juvenil también fraguó cierto movimiento antifascista después de la *Anschluss* pues, según parece, como mínimo algunos de los miembros del Bund se unieron a las redes antinazis, particularmente en Innsbruck y en la Baja Austria.[44] Sin embargo, estas actividades de resistencia al nacionalsocialismo, que incluyeron la constitución de una asamblea de 300 jóvenes en Viena durante la noche de la invasión alemana, fueron obra fundamentalmente de la generación más joven. Por el contrario, la generación anterior, a la que pertenecía Asperger, tendió a acomodarse de inmediato al nazismo.[45] Esto se hace evidente por el camino que siguió Asperger después de 1938 —cuando se unió a algunas organizaciones nazis de las que trataremos a continuación, aunque no al partido nazi— y buscó el modo de adaptarse dentro del nuevo régimen.

Como él mismo reconoció, Bund Neuland fue la influencia política más importante, aunque no la única, en la vida de Asperger. Su entrega ideológica y moral dentro de la organización fue reconocida por sus miembros, pues los médicos integrados en el Bund lo eligieron delegado del gremio de San Lucas, dedicado a la promoción de la ética médica de acuerdo con los principios católicos. Como en otras cuestiones que nos interesan para desentrañar el grado de adhesión nacionalsocialista de Hans Asperger, los documentos nos demuestran que, respecto a la eugenesia, los miembros del gremio de San Lucas mantenían una posición ambivalente:

se oponían a algunos dogmas de la higiene racial nazi, como las esterilizaciones forzosas, mientras que al mismo tiempo desarrollaban su propio programa eugenésico dentro de los límites del catolicismo.[46]

Sigamos ahora el rastro de otras asociaciones que mantuvieron contactos más o menos estrechos y explícitos con el nazismo y de las que nuestro médico formó parte. Según un cuestionario fechado en 1940, Asperger fue también miembro del Verein Deutscher Ärzte in Österreich (Asociación de Médicos Alemanes en Austria).[47] Es importante recordar que en ese contexto la palabra «alemanes» se refería a una orientación pangermana, con la exclusión de los médicos judíos definidos según criterios culturales y raciales. El Verein Deutscher Ärzte surgió de la unión producida en 1904 entre la manifiestamente antijudía Verein Wiener Ärzte (Asociación de Médicos Vieneses) y varias organizaciones médicas pangermanistas de Austria.[48] En los años 1920, y de nuevo tras la subida al poder de los nazis en Alemania, la organización hizo un llamamiento para limitar el número de estudiantes judíos en la Facultad de Medicina.[49] Una proporción considerable de los principales médicos no-judíos vieneses —entre los cuales también se hallaba el anterior jefe de la clínica pediátrica, Clemens Pirquet— pertenecieron a esta asociación, lo cual nos indica la gran difusión y la normalización de las actitudes antisemitas entre los médicos de la Viena de la época.[50] Después de 1933/1934, el Verein Wiener Ärzte sufrió una infiltración progresiva de nazis ilegales, mientras que muchos de los miembros conservadores iniciales abandonaron la organización. Fue en este momento cuando Asperger se unió a la asociación.[51]

En el mismo cuestionario de 1940, Asperger mencionó otro dato que indica una vez más su afinidad con la variante pangermanista del nacionalismo, a pesar de su formación católica. En 1932, se unió a la Deutscher Schulverein Südmark (Asociación Escolar Alemana para la Región de la Frontera Sur), que buscaba fortalecer la influencia cultural germana en el extranjero dando apoyo a las minorías de habla alemana. Muchos de los miembros de la Schulverein eran afines al Großdeutsche Volkspartei austríaco (Partido Popular de la Gran Alemania), que en 1933 constituyó una alianza con el partido nazi austríaco.[52] Otra entrada del cuestionario certifica la membresía de Asperger en el Vaterländische Front (Frente de la Patria) desde 1934, el partido único del régimen austrofascista que gobernó Austria desde 1933/34 hasta 1938. Sin embargo, como afiliarse al partido era una condición obligatoria para los empleados públicos, no es un indicador fiable de sus simpatías políticas.

A pesar de todas estas vinculaciones con distintas organizaciones del amplio entorno pangermanista, no hay ninguna indicación de que Asperger simpatizara activamente con el movimiento nazi antes de 1938, a diferencia de muchos de sus colegas. Las pruebas de que disponemos apuntan, más bien, a una actitud ambivalente: ante el gobierno del nazismo, Asperger estaba de acuerdo en algunas cuestiones y en desacuerdo en otras. Algunos de los obstáculos potenciales para apoyar abiertamente al nazismo eran los siguientes: sus actitudes religiosas, su formación humanista y sus costumbres elitistas y cultivadas. Además, tras la prohibición en 1933 del partido nazi austríaco, el movimiento sólo lograba atraer a sus seguidores ideológicamente más aguerridos, mientras que para los meros simpatizantes u oportunistas los riesgos de adherirse a él superaban con creces a las posibles ventajas. Sin embargo, del registro de las afiliaciones de Asperger a diversas organizaciones durante los años anteriores a 1938 se desprende que compartía una base ideológica mucho mayor de lo que se había reconocido hasta ahora. Es probable que el hecho de que el proceso de socialización política de Asperger se hubiera producido en el seno de la organización juvenil Bund Neuland hiciese más difícil que reconociera el carácter destructivo del nacionalsocialismo, debido a la afinidad de elementos ideológicos esenciales entre los dos: uno de estos elementos comunes era el antisemitismo, en su versión racista o religiosa.[53] En lo que se refiere a la opinión personal de Asperger sobre este tema, el lector podrá formarse la suya propia cuando presentemos los pocos documentos disponibles en los que ha quedado patente su actitud hacia los judíos, especialmente hacia sus pacientes, que analizamos más adelante. En 1974, Asperger lo planteó en estos términos enrevesados, fiel a su estilo:

> Entonces llegó la época de los nacionalsocialistas y para mí estaba claro, por mis experiencias vitales hasta ese momento, que uno podía aceptar muchas de las cosas, digamos, entre comillas, «nacionales», aunque no las inhumanidades.[54]

En Austria, después de la Segunda Guerra Mundial, la etiqueta política «nacional» se refería invariablemente al pangermanismo; es un calificativo todavía usado hasta hoy por grupos de extrema derecha como eufemismo para eludir una asociación directa con el (neo)nazismo. Con estas palabras Asperger se distanciaba en 1974 de las *Unmenschlichkeiten* (inhumanidades) del nacionalsocialismo, pero no de su programa pangermanista que en 1938 había conducido a la anexión de Austria y más tarde a la Segunda Guerra Mundial. La actitud ambivalente de Asperger respecto al nazismo ya era palpable en una entrada de su diario de abril de 1934 (estando durante algún tiempo en la Alemania nazi), donde mostraba tanto un distanciamiento escéptico como, al mismo tiempo, una cierta fascinación:

> Cómo un pueblo entero marcha en una sola dirección, fanático, con una visión estrecha, sin duda, pero con entusiasmo y dedicación, con una enorme disciplina y una formidable contundencia. Sólo soldados, un pensamiento de soldados —un *ethos*—, de paganismo germánico.[55]

La carrera médica de Asperger
antes de la *Anschluss*

Durante los años previos a la anexión de Austria a la Alemania nazi, la vida social austríaca (incluso instituciones como las universidades) estaba muy polarizada. Había una fuerte tensión en el variado panorama cultural y una poderosa influencia de ideologías misóginas y racistas. Los idearios antijudíos y pangermánicos se habían ido propagando dentro de los círculos profesionales y eran especialmente marcados en las asociaciones de médicos austríacos, entre otras organizaciones de las que fue miembro, como ya hemos visto, Hans Asperger. Asperger construyó su prestigio y su carrera como pediatra en el famoso Servicio Pedagógico Curativo, donde empezó a trabajar en 1932, a los 26 años, y del que llegó a ser jefe sorprendentemente pronto, apenas tres años después, en 1935. Veamos, a continuación, en qué contexto se produjeron los inicios de su exitosa carrera.

El innovador Servicio Pedagógico Curativo (Heilpädagogische Station) de la Clínica Infantil Universitaria de Viena fue fundado en 1911 por Erwin Lazar (1877-1932) como parte del Hospital General de la ciudad. Lazar consideraba la nueva e integradora disciplina de la *Heilpädagogik*, la pedagogía curativa, como una rama proveniente de la psiquiatría, aunque bajo su dirección la pedagogía curativa se inspiró en una diversidad de conceptos como la biología criminal de Cesare Lombroso, los tipos constitucionales de Kretschmer y el psicoanálisis de Sigmund Freud.[56] En el servicio de Lazar se diagnosticaba muy raramente enfermedades psiquiátricas clásicas —como las psicosis— a los niños que trataba; en su lugar, solía catalogarse típicamente a la gran mayoría de sus pacientes como afectos de «psicopatía» o «desequilibrio» mental. La mayoría de los pacientes del servicio —en 1925 el propio Lazar daba una cifra anual estimada de unos 5.000 pacientes— fueron diagnosticados en régimen ambulatorio y sólo un número relativamente pequeño de estos pacientes, los casos más complicados o de especial interés, eran ingresados por períodos más largos. Muchos de los niños que pasaban por el Servicio Pedagógico Curativo habían llegado a él remitidos por alguna de las distintas instituciones de servicios sociales, por la policía o por los tribunales.[57] Los métodos de observación, los diagnósticos y las terapias innovadores del servicio contribuyeron al renombre internacional de la clínica bajo la dirección de Clemens von Pirquet (1874-1929). Una muestra del interés y la sorpresa que creaban los métodos del Servicio Pedagógico puede verse reflejados en los comentarios que hizo en 1935 un visitante norteamericano que lo describió como «único» y aseguró «que no había ningún otro semejante en Europa». A este visitante le llamó la atención, ante todo, el eclecticismo metodológico y teórico, una «ausencia apreciable de lo que ordinariamente se consideran métodos rígidos, aparatos, estadísticas, fórmulas y eslóganes» y, en resumidas cuentas, «una aproximación altamente subjetiva» que a su modo de ver situaba a la clínica al margen de los estándares científicos contemporáneos.[58] Aunque este artículo se escribió antes de que Asperger tomara el mando del servicio —a partir de mayo de 1935— nos proporciona una vívida descripción del escándalo que producían los métodos inusuales del Servicio Pedagógico que formaban parte del legado de Lazar.

Asperger empezó a trabajar en la Clínica Infantil Universitaria de Viena en mayo de 1931, bajo la dirección del sucesor de Pirquet, el nacionalsocialista Franz Hamburger (1874-1954). En 1932 se incorporó al Servicio Pedagógico Curativo como «médico auxiliar» (*Hilfsarzt*) y tres años después, en mayo de 1935, se hizo cargo del mismo y fue ascendido a la categoría de médico asistente.[59] En esos momentos, Asperger no sólo no había obtenido todavía el título de especialista en pediatría, sino que había publicado un único trabajo perteneciente a la disciplina de la *Heilpädagogik* —sobre la incontinencia urinaria infantil durante el sueño, la enuresis—.[60] Este ascenso veloz debería levantar nuestras sospechas. ¿Por qué no se escogió para ese cargo a alguien mejor cualificado y con mayor experiencia? Había otros médicos en el Servicio Pedagógico Curativo que trabajaban allí desde hacía años. Podrían haber ascendido, por ejemplo, al entonces colega de Asperger, Georg Frankl, que era nueve años mayor y llevaba en el servicio desde 1927 y cuyas publicaciones demuestran que era un especialista consagrado en *Heilpädagogik*.[61] Sin embargo, Frankl era judío. Dos años después del ascenso de Asperger, Frankl emigró a los Estados Unidos, donde se unió a Leo Kanner en la Johns Hopkins.[62] La que más tarde terminaría siendo la mujer de Frankl, la psicóloga Anni Weiss (1897-1991), otra experta altamente cualificada del servicio, también judía, ya se había ido de Austria en 1935.[63] Hasta ahora, desconocemos si quedó algún otro ayudante judío en la clínica tras la partida de Frankl en 1937.

En aquella época, las universidades austríacas eran lugares donde la agitación antijudía era muy visible y virulenta.[64] Para el joven médico judío, el clima creciente de opresión racista fue con certeza un factor decisivo en su decisión de emigrar: los facultativos judíos se enfrentaban a dificultades cada vez mayores para obtener puestos en la universidad, algunas clínicas y algunos departamentos resultaban prácticamente inaccesibles para las personas de esa ascendencia.[65]

Con el nombramiento de Hamburger como catedrático en 1930, la Clínica Infantil de Viena se convirtió en buque insignia de las políticas antijudías avanzándose en casi una década a las políticas oficiales que los alemanes implantarían después de tomar el poder en Austria.[66] Tras la muerte repentina de Pirquet en 1929, el nacionalsocialista Hamburger barrió el legado de su antecesor e introdujo cambios radicales en la clínica: los anteriores colaboradores de Pirquet, muchos de ellos judíos, fueron reemplazados. Además, en lo referente a Anni Weiss y Valerie Bruck (1894-1961) —quien fue la antecesora inmediata de Asperger como jefe del Servicio Pedagógico Curativo— se sumaba otro tipo de discriminación que desempeñó un papel esencial en esos años: la hostilidad creciente contra las mujeres trabajadoras. El régimen fascista austríaco (1933-1938) buscó expulsar a las mujeres del mercado laboral, una posición que compartían los ideólogos nazis como el catedrático Hamburger.[67]

La orientación política de los asistentes que Hamburger fue seleccionando a su alrededor queda clara si se tiene en cuenta que quienes obtuvieron la calificación académica más elevada (*Habilitation*) durante su mandato fueron obligados a abandonar todos sus cargos en 1945 por ser nazis... salvo en un solo caso. La excepción: Hans Asperger.[68] En 1945, como Asperger nunca había tenido el carnet del partido y, por lo tanto, nunca fue miembro oficial del partido nazi, fue considerado al término de la Segunda Guerra Mundial «políticamente no incriminado» por parte de las autoridades austríacas y no quedó afectado por las medidas de desnazificación. Para que nos podamos hacer una idea del grado de implicación nacionalsocialista de los colaboradores del Servicio Pedagógico Curativo, basta recordar que entre los hombres reclutados por Hamburger estaba Erwin Jekelius, que resultó ser el responsable de la muerte de miles de pacientes psiquiátricos y de niños con deficiencias mentales. Jekelius permaneció en la clínica vienesa desde agosto de 1933 hasta febrero de 1936 y estuvo una parte del tiempo en el servicio de *Heilpädagogik*.[69] Otro resultado deplorable de la influencia de Hamburger fue el brusco declive de los estándares científicos de la clínica y una bajada drástica en la investigación y la publicación dentro de la disciplina pediátrica.[70]

Sin embargo, los contactos de Asperger con devotos de la causa nacionalsocialista no se quedaron aquí, Hamburger y Jekelius no fueron los únicos nazis fervientes con quienes mantuvo una relación profesional estrecha durante los inicios de su carrera médica. En 1932 Asperger fue coautor de un artículo junto a Erwin Risak (1899-1968), que había sido su colega en la Clínica Médica III de la Facultad de Medicina durante algunas semanas el año anterior.[71] Tras la *Anschluss*, Risak ascendió dentro de la universidad y fue ayudante de Hans Eppinger júnior (1879-1946), director de la Clínica Médica I, quien posteriormente estuvo implicado en los crueles experimentos de Dachau, con ingestiones forzosas de agua de mar a los prisioneros.[72] Se convertiría en una de las figuras representativas del partido nazi en la Facultad de Medicina de Viena —entre otras primeras figuras del nazismo médico austríaco como Hamburger, el anatomista Eduard Pernkopf (1888-1955) y algunos más—.[73] No es anecdótica esta colaboración si tenemos en cuenta que Asperger raramente publicó junto con otros coautores —entre 1930 y 1952, aparte de con Risak, colaboró con Josef Feldner (a quien consideraba su profesor en la clínica) y tres colegas más del círculo de ayudantes del nacionalista Hamburger—. Las genealogías de vínculos nacionalsocialistas están bien documentadas para el período durante el que Franz Chvostek júnior (1864-1944) fue director de la Clínica Médica III: era conocida como un hervidero ideológico del nacionalismo pangermano y la agitación nazis ya desde los años 1920.

Aunque es imposible saber qué intenciones tenía Hamburger al nombrar jefe del Servicio de Pedagogía Curativa en 1935 a un relativamente recién llegado al campo de la

Heilpädagogik como Asperger, sabemos que su promoción fue favorecida por las tendencias antijudías y misóginas que entonces predominaban en la vida social y política de Austria. A pesar de no unirse oficialmente a los nazis a través de su partido, debido a su orientación política pangermanista y nacionalista forjada ya desde su juventud, Asperger compartía una base ideológica común considerable con Hamburger y su red de nacionalsocialistas, lo cual le permitió mezclarse con ellos sin fricciones aparentes. Así pues, como él mismo confesó en su entrevista radiofónica de 1974, Asperger contaba con el apoyo sin reservas de Franz Hamburger para escalar puestos en su carrera médica, aunque no pertenecía a su círculo clandestino de activistas nazis. No deja de resultar sorprendente que a una edad tan temprana, 29 años, dentro de un ambiente marcado por las luchas políticas encarnizadas y por un mercado laboral lleno de dificultades, se alzara con la posición más prominente en un campo en expansión como era entonces la pedagogía curativa, que pronto se vería obligado a encontrar su lugar oficial dentro del nuevo orden del Estado nacionalsocialista.

En 1938, tras la anexión austríaca a la Alemania de Hitler, la persecución antijudía se convirtió en la política oficial del Estado. El 65% de médicos vieneses fueron clasificados como judíos de acuerdo con las leyes de Núremberg; entre ellos había 77 pediatras, el 70% de los especialistas en este campo. Es revelador que en 1938 ningún pediatra judío que hubiera obtenido anteriormente la *Habilitation* —la cualificación académica que permitía ejercer como facultativo y de la que carecía Hans Asperger— estuviera trabajando en la clínica dirigida por Hamburger.[74]

Trayectoria política
tras la *Anschluss* en 1938

Según el relato establecido sobre la relación de Asperger con el nacionalsocialismo —que queremos cuestionar con esta investigación—, después de 1938 el médico se opuso activamente al régimen nazi o, como mínimo, se mantuvo a cierta distancia, corriendo un riesgo considerable desde un punto de vista profesional y personal. En 1993, Lorna Wing esgrimía el argumento rudimentario de que como devoto católico que era, Asperger no pudo haber sido un nazi.[75] Este argumento es engañoso dada la superposición antes comentada entre el catolicismo y la extrema derecha *völkisch*[76] representada por organizaciones como el Bund Neuland a las que perteneció Asperger desde joven.

El argumento más importante a favor de una visión de la vida de Asperger en la que éste se opuso activamente a los nazis y de que llegó a arriesgar su vida para defender a los niños de los que se ocupaba, se basa en un episodio narrado en el libro de Adam Feinstein sobre los pioneros de la investigación sobre el autismo. Según este argumento, la Gestapo habría acudido dos veces a la clínica con la intención de arrestar a Asperger, ya sea por su conferencia de 1938 o porque el médico se habría negado a «entregar [a pacientes] a los oficiales».[77] El problema principal con esta anécdota, sin duda llamativa, es que la única fuente conocida de esta declaración es el propio interesado, Asperger, quien mencionó por primera vez el incidente en 1957 (aunque sin mencionar a la Gestapo)[78] y con más detalle en 1962, en su discurso de inauguración de la cátedra vienesa de pediatría,[79] y lo reiteró en la entrevista radiofónica de 1974 antes citada:

> Es completamente inhumano (y eso se demostró con sus horrorosas consecuencias) que se constituya el concepto de «vida sin valor» y que de eso se saquen conclusiones. Y como yo nunca estuve dispuesto a sacar esas conclusiones, es decir, a notificar a la Oficina de Salud Pública a los retrasados mentales como se nos había encargado que hiciéramos, era una situación muy peligrosa para mí. Tengo que agradecerle enormemente a mi mentor Hamburger que, aun siendo él un convencido nacionalsocialista, me salvara en dos ocasiones de la Gestapo con un fuerte compromiso personal por su parte. Él conocía mi actitud, pero me protegió con todo su ser, motivo por el cual siento por Hamburger el mayor aprecio.[80]

Sería muy extraño que, si estos episodios que narraba Asperger sobre sus problemas con la Gestapo fueran ciertos, Hamburger nunca llegara a utilizar esta narración tras 1945 en su propia defensa. Por lo que se puede inferir de las pruebas documentales y aunque se enfrentaba a una presión considerable debido a su pasado nazi, Hamburger nunca habló de ello. Además, tras su muerte en 1954, Asperger se abstuvo de escribir un obituario para ese hombre que supuestamente le había salvado dos veces. La de 1957 es la primera mención conocida del supuesto episodio de la Gestapo, tres años después de la muerte de Hamburger.

Esta cita también es importante por un segundo motivo: es el único ejemplo documental que he podido encontrar en el que Asperger menciona públicamente la «eutanasia» nazi, a pesar de lo relevante y nefasto que era dentro de su campo y para sus pacientes. De acuerdo con este relato, la Gestapo habría perseguido a Asperger porque él se negaba a informar sobre pacientes con determinadas deficiencias a la Oficina de Salud Pública de Viena. Es cierto que se presionaba y se forzaba cada vez más a los médicos de todas las especialidades para que informaran sobre sus pacientes, violando la confidencialidad médico-paciente. Dentro de las políticas oficiales de higiene racial nazi, las dos normas más importantes eran la obligación de informar de los pacientes según lo definía la ley de esterilización y la obligación de informar de los niños con deficiencias mentales que se destinarían para la «eutanasia»: el 18 de agosto de 1939, el Ministerio del Interior del Reich ordenó el registro obligatorio de «niños malformados, etc.», esas notificaciones eran recogidas y reenviadas al Comité del Reich encargado de implementar el programa de «eutanasia» infantil.[81] Bajo la «Ley para la prevención de la descendencia con enfermedades hereditarias» de julio de 1933, los Tribunales para la Salud Hereditaria, creados para tal fin, podían ordenar la esterilización en caso de acreditarse uno de los siguientes diagnósticos: debilidad mental congénita, esquizofrenia, trastornos maníaco-depresivos, epilepsia hereditaria, corea de Huntington, sordera o ceguera hereditaria, deformaciones físicas severas y alcoholismo severo.[82]

Basándonos en las pruebas de que disponemos es imposible determinar si Asperger se abstuvo en algunos casos de informar sobre los niños que cumplían con los criterios que definía la ley nazi para el programa de «eutanasia». Sin embargo, sí tenemos documentación que demuestra que él mismo remitió personalmente a cierto número de niños a la clínica Spiegelgrund, instalación donde se llevaba a cabo la «eutanasia infantil» (de ello damos cuenta en los capítulos «Límites de la "educabilidad": Asperger y la clínica para la "eutanasia" Spiegelgrund», y «Los diagnósticos de Asperger comparados con los de Spiegelgrund»).

Hay otros datos que hablan en contra del autorretrato exculpatorio de Asperger como un hombre perseguido por la Gestapo por resistirse a la higiene racial nazi, y que se habría visto obligado a refugiarse de las represalias alistándose al servicio militar para evitar problemas mayores. En diversas ocasiones publicó comentarios favorables y aprobatorios sobre las medidas de higiene racial como, por ejemplo, las esterilizaciones forzosas,[83] y como veremos, la jerarquía nazi veía en él a alguien dispuesto a aceptar las políticas de higiene racial. En julio de 1940, por ejemplo, el diputado Gauleiter de Viena escribió al superior y protector de Asperger, Franz Hamburger, que el partido «no tenía objeción de ninguna clase» contra su asistente.[84] La Gestapo vienesa, ante la solicitud de informes sobre Asperger, respondió en noviembre de 1940 que no tenían nada en su contra.[85] Esto contradice la pretensión de que las publicaciones tempranas de Asperger tras la *Anschluss*, especialmente aquellas que se citan con más frecuencia como una demostración de su oposición pública a las políticas nazis, fueran percibidas jamás por el régimen como la expresión de una hostilidad política.

En un primer momento, antes de que Asperger hubiera tenido la oportunidad de demostrar su disposición a adaptarse al nuevo orden político, el partido nazi no podía estar seguro de su lealtad. Siguiendo un nuevo decreto, promovido inmediatamente después de la *Anschluss*, se inició una investigación preliminar para decidir si el «Decreto de Reorganización del Servicio Civil Profesional Austríaco» del 31 de mayo de 1938 —que estipulaba la expulsión de los funcionarios judíos y funcionarios políticamente indeseables[86]— era aplicable en el caso de Asperger. En junio de 1939, el oficial encargado de implementar el decreto, Otto Wächter, debió haber llegado a la conclusión que Asperger era políticamente aceptable desde el punto de vista nacionalsocialista, puesto que decidió cerrar el expediente preliminar.[87] De acuerdo con la oficina de personal del partido nazi vienés, Asperger era «inobjetable tanto por su carácter como visión política». Ciertamente, su orientación católica era considerada una desventaja, pero quedaba suavizada por el hecho de no haberse implicado activamente en el Partido Social Cristiano o en el régimen austrofascista anterior. Lo crucial de este informe —que existe en dos versiones, una del 5 enero de 1939 y otra del 1 de noviembre de 1940— es que concluía diciendo que Asperger «estaba en conformidad con las leyes raciales y de esterilización nacionalsocialistas».[88]

Es del todo verosímil que esta investigación fuese la base para la afirmación de Asperger, 24 años después, de que había sido perseguido por la Gestapo. No tenemos tampoco ninguna duda de que Hamburger se encontraba en una posición tal que podía influir decisivamente sobre el resultado de un procedimiento como éste, garantizando personalmente la disposición de su protegido a cooperar con el régimen. Ésta es una versión mucho menos dramática pero mucho más plausible que la de un supuesto arresto del que no existe ninguna prueba documental. Esta explicación coincidiría también con la afirmación que Asperger hizo en su entrevista de 1974 para la radio, sobre cómo Hamburger lo había salvado «de la Gestapo», pero no con la de «haber sido salvado de que lo arrestara la Gestapo», tal como lo expresó en 1962. Si finalmente la versión dramática del arresto fuese verdadera, sería difícil explicar por qué Asperger (por lo que sabemos hasta el momento) no lo mencionó nunca públicamente hasta doce años después del fin de la guerra, cuando haberlo dicho hubiera resultado muy beneficioso tanto para él como para su mentor Hamburger. E, insistimos una vez más, faltaría explicar por qué Hamburger permaneció en silencio sobre un episodio que podría haber favorecido su reputación, muy perjudicada después de la guerra por su importante implicación en el nacionalsocialismo. Wolfgang Neugebauer, uno de los principales historiadores sobre el nacionalsocialismo en Austria, considera que este episodio de la Gestapo es una completa invención.[89] En suma, la mencionada investigación de las autoridades nazis es el único ejemplo documentado de los supuestos problemas políticos para Asperger. Por lo demás, las otras fuentes de que disponemos reflejan un historial sin tacha de adaptación política al nacionalsocialismo.

Para seguir cuestionando el relato beatífico de Asperger, debemos inspeccionar ahora por primera vez en la literatura científica un episodio verdaderamente heroico en el que participó el pediatra Josef Feldner (1887-1973), quien trabajó como voluntario en el Servicio de Pedagogía Curativa durante muchos años. Desde septiembre de 1942, Feldner acogió a un paciente judío, Hansi Busztin (1925-1996), y lo ocultó en su domicilio hasta el final de la guerra. Sorprendentemente, Busztin logró llevar una vida más bien abierta, con visitas regulares a la biblioteca pública y a la ópera; según su propia estimación, unas cien personas debían conocer su situación, muchas de las cuales ofrecieron su ayuda.[90] En sus memorias, escritas en los años 1980, Busztin mencionó a «un grupo de opositores al nacionalsocialismo» dentro del servicio de *Heilpädagogik*, «casi todos los cuales sabían» de él y que «ayudaron en diversas situaciones al que más tarde sería su padre adoptivo».[91] ¿Conocía Hans Asperger esta situación? ¿Perteneció Asperger a este círculo de simpatizantes? Busztin no menciona jamás a Asperger, y también resulta interesante el hecho de que Asperger no mencionara tampoco este episodio, incluso en aquellas situaciones en las que estaba tratando de demostrar sus credenciales antinazis,[92] ni siquiera en el obituario que escribió al morir Feldner en 1975.[93] Sin embargo, ciertos comentarios publicados por Asperger en 1962, con ocasión del 75 cumpleaños de Feldner, sugieren que, como mínimo, debía conocer sus actividades aunque no desempeñara ningún papel activo en ellas:

> Está claro que un espíritu como el suyo tenía que sentirse diametralmente opuesto al nacionalsocialismo. Actuó en consecuencia. Lo que dijo e hizo durante aquellos años a menudo puso los pelos de punta a sus amigos. Hay episodios —enfrentamientos con la Gestapo, ocultar durante años a un estudiante judío cuya familia había sido exterminada— que podrían haberse sacado de una novela de aventuras.[94]

En este contexto, resulta interesante constatar que Asperger fue llamado al servicio militar en marzo de 1943.[95] En la entrevista de radio de 1974 mencionada anteriormente, Asperger afirma que tanto para Hamburger como para él mismo, alistarse en el ejército fue la mejor solución para escapar de la Gestapo porque se había negado a cooperar con las políticas de higiene racial nazis.[96] Aunque esta afirmación se contradice de plano con los informes favorables que siguió recibiendo por parte de los oficiales nazis (por ejemplo, durante la investigación previa a su *Habilitation*), los hechos que acabamos de mencionar y la temporalidad de los acontecimientos sugieren una conexión directa, concretamente, que quizás quería alejarse de la clínica de Viena por si Busztin era descubierto.

Quizás el argumento principal a favor de un distanciamiento de Asperger respecto al nazismo siga siendo el hecho de que nunca se afilió al partido nazi:[97] dada la elevada proporción de miembros del partido entre los médicos no judíos, esto es sin duda significativo. Sin embargo, este hecho no implica que se mantuviera a distancia del aparato del partido nazi por una cuestión de principios. Como ya hemos expuesto, Asperger solicitó ser miembro y se afilió a varias organizaciones dependientes de este partido. De acuerdo con el cuestionario de 1940 que ya hemos examinado, Asperger se unió al Deutsche Arbeitsfront (Frente Laboral Alemán, DAF) en abril de 1938, a la Nationalsozialistische Volkswohlfahrt (Organización Nacionalsocialista para el Bienestar Social del Pueblo, NSV) en mayo de 1938 y (como candidato, véase más abajo) a la Nationalsozialistischer Deutscher Ärztebund (Liga Alemana Nacionalsocialista de Médicos, NSDÄB) en junio de 1938. En este cuestionario también mencionaba que se había comprometido a trabajar para las Juventudes Hitlerianas.[98] El DAF y la NSV eran organizaciones de masa a las que a menudo se recurría para demostrar lealtad al régimen evitando un compromiso ideológico con el partido nazi o el ingreso en las SS. Pero la NSDÄB era un asunto distinto. La Liga Alemana Nacionalsocialista de Médicos se consideraba a sí misma como la punta de lanza ideológica del partido nazi dentro de la profesión médica y asesoraba al partido «en todas las cuestiones relacionadas con la salud pública y la biología de las razas», además de constituir una fuente de personal para el reclutamiento de cargos médicos en el aparato del partido. La membresía completa de la Liga estaba reservada a quienes ya eran miembros del partido nazi, pero los profesionales médicos que apoyasen los fines de la NSDÄB podían obtener el estatus de «candidato», como fue el caso de Asperger.[99] Unos cuantos números nos ayudarán a valorar el caso de Asperger en el contexto de sus contemporáneos: en Viena, el 31,4% de los médicos que se quedaron en la ciudad se unieron al partido tras la expulsión de todos los judíos de la profesión; pero sólo un 17,6% fueron miembros también de la Liga. En toda Austria, un 8,5% llegaron a ser candidatos a la NSDÄB, como Asperger.[100]

Estas afiliaciones deberían considerarse en el trasfondo de la fuerte influencia nazi que pesaba sobre la clínica infantil.[101] Es verosímil que Asperger tomara estas decisiones para proteger y dar impulso a su carrera. Al abstenerse de ingresar en el partido nazi, eligió un camino intermedio entre mantenerse a distancia del régimen y alinearse claramente con él.

Es importante reparar en que Asperger contaba ya con toda la protección política que necesitaba gracias a su mentor Franz Hamburger: dada la estructura jerárquica de las universidades austríacas y la sólida posición de los jefes de clínica, Hamburger estaba en condiciones de construir o destruir la carrera de Asperger aun en circunstancias políticas menos complicadas que aquéllas. El capital político del que disfrutaba Asperger gracias al inquebrantable patrocinio de Hamburger era mucho mayor del que jamás hubiera podido conseguir por su cuenta. Hamburger era una de las figuras más visibles del partido nazi en la escuela médica de Viena y tenía una influencia considerable entre el *establishment* médico nazi, tanto en Viena como —gracias a su posición como presidente de la Asociación Alemana de Pediatría— en Alemania en general.[102] Después de la *Anschluss*, cuando se levantó la prohibición que pesaba sobre el partido nazi, Hamburger pudo declarar públicamente su lealtad a Adolf Hitler.[103] En un discurso programático de 1939 —titulado sin ambages «Nacionalsocialismo y medicina»— reveló hasta qué punto la ideología nazi era central en su enfoque médico:

> Un profesor de obstetricia, un profesor de pediatría, de medicina interna o de neurología tiene que ser un verdadero nacionalsocialista. Debe estar íntegramente embebido de las doctrinas nacionalsocialistas sobre la vida y la salud.[104]

Asperger, sin ser un nacionalsocialista convencido, conseguía claramente, desde el punto de vista de Hamburger, ajustarse a este modelo altamente ideologizado de médico.

Como ya hemos mencionado, en diversas ocasiones, algunos funcionarios del partido nazi redactaron informes confidenciales sobre la orientación política de Asperger. Estos documentos, aunque son las mejores fuentes de que disponemos para valorar la actitud de Asperger hacia el nacionalsocialismo y su posición desde el punto de vista del régimen, no habían sido examinados hasta ahora. En conjunto, demuestran que tras una primera fase de desconfianza, las autoridades del partido llegaron a tener de él una visión cada vez más positiva. Por ejemplo, el 4 de enero de 1939 el *Ortsgruppenleiter* (líder del grupo local del partido) de Asperger anotó lo siguiente: «¿Tiene méritos para el movimiento [nazi]? No», «¿Se decidió el interesado por el partido nazi antes de la *Anschluss*? Indiferente», «¿Participa en la vida política pública? No» y «¿Cuál es la orientación política dentro de su familia? Cristiana social». A la vez que quedaba reflejada esta indiferencia de Asperger, se indicaba positivamente que no se había manifestado en contra del ascenso al poder de los nazis en Austria. El *Kreisleiter* (líder del distrito del partido) añadía en el mismo documento: «su disposición a comprometerse es sólo parcial, porque como cristiano social que era, se muestra bastante indiferente».[105]

Menos de dos años después, los informes políticos de Asperger habían cambiado de tono, aunque su anterior afiliación en la esfera cristiana social todavía pesaba en su contra. Uno de entre varios documentos parecidos de su fichero personal en el partido nazi dice lo siguiente:

> En respuesta a su consulta del 25 de octubre de 1940, declaro que el Dr. Asperger es un católico devoto, pero no apoya las tendencias políticas del catolicismo. Aunque fue miembro de la asociación católica Neuland, no compartía intereses comunes con los políticos del sistema [austríaco anterior]. En lo referente a cuestiones de leyes raciales y esterilización, está conforme con las ideas nacionalsocialistas. En cuanto a su carácter y en términos políticos, se considera que en su caso no hay nada que objetar.[106]

En el mismo período, otro oficial nazi de alta graduación dejaba constancia de su evaluación en un tono similar:

> El Dr. Asperger proviene de los círculos católicos y su orientación durante el período del sistema [austríaco anterior] era estrictamente católica. Era miembro de la organización católica Neuland y de la asociación de médicos del Gremio de Lucas. Nunca ha actuado activamente en modo alguno en contra de los nacionalsocialistas, aunque le hubiera resultado fácil proporcionar datos incriminatorios en la Clínica Pediátrica, cuyo equipo estaba compuesto exclusivamente por médicos nazis. En lo que a su carácter se refiere, las descripciones que recibe el Dr. A. son favorables.[107]

Debido a su pasado político, la jerarquía del partido había empezado tratando a Asperger con cierta reserva, pero esta actitud fue cambiando con el tiempo, a medida que se le fue considerando políticamente confiable, por lo que no encontró obstáculos a su carrera. Este proceso culminó cuando Asperger obtuvo su *Habilitation* en 1943 —la cualificación necesaria para convertirse en docente y, con el tiempo, en profesor—.

De acuerdo con la doctrina nazi, la medicina debía basarse tanto en la ciencia como en la ideología del nacionalsocialismo. En consecuencia, Asperger tuvo que presentar una tesis posdoctoral —el famoso trabajo sobre «autistas psicópatas»— y superar el veto político de la Nationalsozialistischer Deutscher Dozentenbund (Liga de Docentes Nacionalsocialistas Germanos), prueba que superó sin objeciones.[108] Adicionalmente, al no disponer del título de *Facharzt* (médico especialista) en pediatría, el *Gauärzteführer* (el líder de médicos) del partido en Viena tuvo que certificar que reunía las condiciones necesarias. Esto es un indicador más de que Asperger disfrutaba de la confianza de las más altas jerarquías del *establisment* médico nazi de Viena.[109]

Tras la *Anschluss*, Asperger intentó demostrar su lealtad al nuevo régimen de diversos modos. En sus conferencias públicas, que más tarde se publicaron, argumentó en favor de la misión de su disciplina dentro del Estado nacionalsocialista y declaró su fidelidad a los dogmas de la medicina nazi (de ello trataremos en el capítulo. «"El mejor servicio a nuestro *Volk*": Asperger y la higiene racial nazi»). Es de notar que Asperger llegó a ir tan lejos en estos pronunciamientos que su colaborador Josef Feldner tuvo que ponerle freno para que no corriera el riesgo de dañar su credibilidad:

> Sobre su conferencia: la introducción está bien como está (quizás demasiado nazi para su reputación). Por ejemplo, yo quitaría el agradecimiento al *Führer*... Yo escribo más o menos lo que pienso, obligándome a hacer sonar un poco la trompeta para Hitler. Quizás podría usted utilizar algo parecido.[110]

Los historiales médicos de Asperger también evidencian de qué modo quiso demostrar su lealtad. En 1938 se acostumbró a firmar sus informes diagnósticos con un «Heil Hitler»... un gesto meramente simbólico, pero revelador.[111]

Los pequeños pacientes
judíos de Asperger

En la literatura especializada no se había planteado hasta nuestra publicación de 2018[112] la pregunta crucial sobre el destino de los pacientes judíos bajo el cuidado de Asperger, a pesar de que su fortuna en manos del médico resulta relevante por varias razones. El modo en que se les diagnosticaba y qué decisiones se tomaban sobre el futuro de estos menores de edad tenía una gran influencia en sus probabilidades de sobrevivir el Holocausto. Además, la revisión de los expedientes y de los historiales clínicos sobre los niños judíos también aportó mayor entendimiento en relación con las acciones de Asperger bajo el régimen nacionalsocialista y a su actitud con los judíos.

Para empezar con una visión de conjunto, es importante notar que los niños judíos estaban subrepresentados entre los pacientes del servicio, incluso antes de que fueran excluidos de las instituciones médicas públicas, desde 1938 en adelante. Es probable que la fuerte influencia nazi que impregnó la clínica vienesa —desde que Franz Hamburger se hizo con la dirección en 1930— disuadía a los padres judíos de solicitar los servicios de ese centro. Cabe destacar que los registros de historiales clínicos de niños judíos (16 en total) relativos a la década anterior a la anexión de Austria a la Alemania nazi no muestran indicios de un sesgo antijudío, aparte de algunos casos aislados de comentarios estereotipados, tal como se puede apreciar en los historiales clínicos.[113]

Para entender el pasado de Asperger en relación con sus afinidades nacionalsocialistas, resulta interesante analizar someramente algunos casos de niños judíos que llegaron a la consulta de Asperger después de la anexión. En el momento en que los nazis se hicieron con el poder en Austria, había dos judíos de 13 años, Alfred S. y Walter Brucker, ingresados como pacientes en la clínica. De los historiales de Ivo P., Marie Klein y Lizzy Hofbauer emerge también el papel problemático desempeñado por el pionero de la investigación del autismo en la era nazi de Viena. Veamos los casos de estos cinco niños judíos, tal como quedaron reflejados en sus historiales médicos.

El expediente de Alfred no contiene ningún dato que evidencie un trato distinto al de los otros niños. Fue ingresado por una riña en el colegio y Asperger lo diagnosticó como «psicópata autístico» el 22 de marzo de 1938, nueve días después de la *Anschluss*. Consideró que las habilidades intelectuales de Alfred estaban «por encima de la media en algunos aspectos» y recomendó encontrarle unos padres de acogida judíos para reemplazar a la madre de acogida que ya tenía pero que no era judía (una madre con quien Alfred ya estaba bien). Por entonces, unos 8.000 niños habían sido encomendados a familias de acogida por los servicios sociales vieneses. Cierto número de ellos —como Alfred— eran niños judíos que vivían con familias no judías. Cuando los nazis tomaron el control administrativo de la ciudad, este hecho fue considerado un problema, y esos niños judíos en régimen de acogida fueron separados de sus cuidadores para ser segregados en orfanatos judíos, que para muchos terminaron siendo verdaderas trampas mortales durante el Holocausto. En ese momento, la ciudad de Viena tenía en regímenes de acogimiento a 200 niños judíos, pero se desconoce cuántos de ellos estaban con familias no judías. Fuese cual fuese la motivación de Asperger, al recomendar que Alfred fuera acogido específicamente por una familia judía este médico se estaba anticipando a la política oficial de segregación nazi que fue tomando forma en años posteriores.[114] En una época en la que los judíos eran sometidos a humillaciones y recibían ataques violentos en las calles y el antisemitismo se había convertido en la política oficial, una decisión tal como poner de relieve la condición del niño como judío —algo para lo que no se daban razones médicas ni pedagógicas— parece, como mínimo, cuestionable. Una alternativa más segura para el niño hubiera sido evitar cualquier referencia a la familia biológica de Alfred, aunque, considerándolo retrospectivamente, es imposible saber si esto hubiera supuesto alguna diferencia. En cuanto al informe diagnóstico en sí mismo, su tono es más bien benévolo; Asperger consideraba que Alfred era capaz de funcionar en compañía de adultos, ya que éstos se sentirían menos irritados por su comportamiento que los demás niños. Finalmente, la recomendación de Asperger no se tuvo en cuenta y Alfred fue transferido a un orfanato judío. Se desconoce qué le deparó el destino, aunque lo más probable es que muriera asesinado tras ser deportado antes o después. Aunque se pueda acceder a parte de su historial, lo que pasó con los niños internados en los centros o los orfanatos judíos en muchos casos queda sin respuestas.[115]

Debido a un estado de gran agitación, el pequeño Walter Brucker fue admitido en la clínica, fatídicamente, el 14 de marzo de 1938, justo al día siguiente de que se produjera la anexión austríaca. Su expediente ofrece una oportunidad única para comprender la cotidianidad del servicio clínico de Asperger durante aquellos días críticos. El día 15 de marzo, rodeado de jóvenes entusiastas, Walter tuvo que oír un discurso triunfal de Hitler. A pesar de que, como judío, Walter tenía todos los motivos para reaccionar con pánico, se le recriminó por su reacción de temor. El registro de entrada de ese día (que no está escrito en letra de Asperger) dice que el adolescente Walter «está mucho más desagradable que hace tres semanas, la última vez que estuvo aquí. Durante el discurso de Hitler apoyó las manos sobre la mesa, descansó la cabeza sobre ellas, y se quedó mirando al vacío. Estaba muy agitado; cuando un chico prorrumpió en vítores, abrió los ojos de par en par y se puso pálido». El diagnóstico de Asperger ignoró por entero la precaria situación del niño y describió su situación mental en estos términos: «severa psicopatía, cuyos síntomas esenciales son una susceptibilidad especial y una irritabilidad paranoica». De este modo, patologizó y despolitizó Asperger las reacciones del chico ante la persecución antijudía que entonces se difundía en la ciudad. Siguiendo la misma lógica, mediante una fórmula que quizás pretendía ser un acto de generosidad, insistió en que Walter no podía ser considerado plenamente responsable de sus reacciones a veces agresivas. En su diagnóstico, Asperger omitió el hecho esencial de que el niño era judío y de que su vida estaba amenazada por el régimen nazi. Aunque esta perspectiva es coherente con la marcada tendencia de Asperger de atribuir los trastornos mentales a una cierta «constitución», más que a factores ambientales, en este caso en concreto es posible que, además, estuviera tratando de no otorgar ninguna relevancia al origen judío del niño (en contraste con su conducta en el caso de Alfred, que hemos visto antes). Tal como sabemos ahora, en realidad, el pequeño Walter tenía motivos sobrados para tener miedo. Murió a los 20 años, el 26 de febrero de 1945, trabajando en régimen de esclavitud en el «Projekt Riese» (Proyecto Gigante), la construcción en la Baja Silesia de instalaciones subterráneas entre las cuales se encontraba el nuevo cuartel general de Hitler.[116] Podemos asumir, aunque desconozcamos las circunstancias concretas, que se hizo trabajar al pequeño Walter hasta su muerte, como ocurría con otros prisioneros en circunstancias similares que morían de agotamiento, inanición, infecciones y accidentes... cuando no los mataban los guardias directamente.

En los registros documentales que han salido a la luz no hay indicaciones explícitas de que Asperger estuviera motivado por una animosidad personal contra los judíos, como muchos otros de sus colegas que sentían una verdadera pasión antisemita sino, más bien, por una fría distancia. Así, en las entradas de los historiales médicos se aprecia una notable ausencia de empatía por la difícil situación de niños y jóvenes judíos internados en clínicas y orfanatos bajo el gobierno nazi antisemita.[117]

El informe que redactó en noviembre de 1940 sobre un niño de 11 años, Ivo P., apoya nuestra interpretación de una actitud fría y distante. Allí, el pediatra austríaco insistía en que el niño no era «constitucionalmente disocial» y en que tendría buen potencial, siempre y cuando estuviera sometido a una supervisión permanente dentro de un entorno institucional. Casi como una ocurrencia de último minuto, añadía: «El único problema es que el chico es un *Mischling*[118] de primer grado» (en la jerga nazi para expresar que tenía un progenitor judío): una información que en las circunstancias del momento suponía un peligro extremo para el niño. Ivo P. no fue enviado a un hogar «normal», como Asperger recomendaba, sino a una institución para niños no arios: su huella en los documentos de las oficinas de servicios sociales juveniles termina en 1943. Es importante destacar, además, que como en muchos otros casos después de marzo de 1938, Asperger cerró su informe sobre Ivo con el saludo «*Heil Hitler*».[119] Como demostraremos en capítulos posteriores («Límites de la educabilidad: Asperger y la clínica para la "eutanasia" Spiegelgrund» y «Los diagnósticos de Asperger comparados con los de Spiegelgrund»), Asperger mostró un desapego similar en muchas de sus recomendaciones para transferir a niños a la clínica Spiegelgrund, a la que se refería como si fuera una institución pedagógica normal, a pesar de sus funciones como instalación para la «eutanasia».

No tiene nada de sorprendente que la estereotipación racial de los informes médicos se volviera más frecuente tras la *Anschluss*. Marie Klein, ingresada con nueve años a finales de 1939, fue descrita por uno de los ayudantes de Asperger como «una niña de desarrollo normal, ligeramente delgada y de apariencia judía». En cambio, procede del propio Asperger la observación de que su modo de hablar «contrasta con su carácter bastante judío» y anotó en la cubierta de su expediente que era una *Mischling*. De acuerdo con su expediente, Marie nunca había causado ningún problema hasta que ella y su madre —que era católica de ascendencia judía— fueron expulsadas de su apartamento en agosto de 1938.[120] Madre e hija tuvieron que mudarse a un asilo gestionado por una organización de asistencia católica llamada Caritas Socialis, destinado específicamente a los católicos bautizados de ascendencia judía y a los niños clasificados como «no arios».[121] Desde la expulsión de su casa, Marie empezó a presentar arranques de violencia, que condujeron a que primero fuera ingresada en la clínica psiquiátrica y luego al servicio de Asperger. Cuando Marie habló de las violencias y los maltratos que había padecido en el asilo, tomaron sus explicaciones como prueba de su deshonestidad más que como una aclaración de los motivos tras los cambios en su comportamiento.[122] Dos años después de su transferencia desde el servicio de *Heilpädagogik* a un hogar infantil en 1940, Marie Klein fue deportada al gueto de Wlodawa, a 11 kilómetros al norte del campo de exterminio de Sobibor. Se desconoce el momento preciso de su muerte, pero sabemos que durante el verano de 1942 se llevó a cabo una «*Aktion*»[123] específicamente dirigida contra los niños judíos entre 10 y 14 años (por entonces Marie debía tener 12 años), que fueron separados de sus padres y asesinados en las cámaras de gas de Sobibor.[124]

Otra de las pequeñas pacientes de Asperger, Lizzy Hofbauer, una niña judía de 12 años, fue ingresada en 1939 a causa de trastornos mentales severos:

> Dos días antes del ingreso actuaba como una loca, hablaba de una persecución antijudía, se mostraba atemorizada en extremo, ella misma se preguntaba si estaba confundida o loca. Creyó que un conocido judío había muerto ahorcado, pero fue posible convencerla de que eso no era cierto.

Una vez más, Asperger ignoró las circunstancias de su paciente e interpretó estos signos de angustia como síntomas de esquizofrenia; escribió lo siguiente: «Para su edad y raza, un desarrollo sexual llamativamente atrasado».[125] Estos comentarios sugieren que Asperger había interiorizado los estereotipos antijudíos sexualizados que circulaban en aquel entonces. En cuanto a la niña, a partir de febrero de 1941, Lizzy fue paciente del Hospital Judío de Viena en el servicio de Victor Frankl (1905-1997), quien después de la guerra alcanzaría fama mundial como autor del *best seller*: *Man's search for meaning* y como creador de la logoterapia y el análisis existencial.[126] Alegando «falta de espacio», Frankl escribió a Otto Pötzl (1877-1962) para poder transferir a la niña a su Clínica Universitaria Psiquiátrico-neurológica. De allí fue enviada al Hospital Psiquiátrico Steinhof. Diez días después de la carta de Frankl, se incluyó a Lizzy en una lista para un transporte destinado al centro de exterminio Hartheim, cerca de Linz, gestionado por el programa de «eutanasia» Aktion T4.[127]

Tras esta sucinta revisión de estos cinco casos desgarradores de niños judíos visitados y diagnosticados por Asperger, nos vemos impelidos a formularnos la pregunta, más amplia, de si Asperger tenía opiniones antisemitas y cómo se manifestaban estas opiniones. Aparte de los casos que hemos mencionado, hay pocas pruebas directas a este respecto. Por una parte, la hostilidad hacia los judíos y la creencia en su supuesta influencia maligna era un común denominador de los grupos con los que Asperger se asociaba. Además, hasta el final de su vida, al menos en lo que se refiere a sus manifestaciones públicas, Asperger nunca se distanció del antisemitismo racializado dominante en la vida política austríaca y alemana durante el siglo XX, ni hizo ningún comentario acerca de la destrucción que esta ideología acarreó para los judíos de Europa durante el Holocausto.[128] Por otra parte, Asperger trabajó muy de cerca con colegas judíos como Anni Weiss y Georg Frankl antes de la *Anschluss*; una relación que debido a la reducida comunidad que integraba el servicio de *Heilpädagogik* fue más allá de lo puramente profesional y fue retomada después de la guerra.[129] Como muchos aspectos de la vida de Asperger, su relación con los judíos estaba marcada por la ambivalencia… complicada adicionalmente por el hecho de que en los inicios de su carrera se aprovechó de la expulsión de tantos colegas judíos, incluyendo a aquellos a quienes él mismo llamaba sus amigos.

«EL MEJOR SERVICIO A NUESTRO *VOLK*»: ASPERGER Y LA HIGIENE RACIAL NAZI

Asperger publicó al menos doce artículos durante el período nazi, sin embargo, los estudios que analizan sus trabajos —en especial los publicados en inglés— se centran casi exclusivamente en dos de ellos: «El niño mentalmente anormal», de 1938, y «Los "psicópatas autísticos" en la infancia», de 1944.[130] A continuación, vamos a ampliar esta reducida perspectiva y presentaremos un análisis basado en todo el espectro de sus declaraciones publicadas sobre la política, la higiene racial y el papel de la pedagogía curativa en la sociedad para demostrar que Asperger apoyó en varias ocasiones los dogmas de la higiene racial y de la medicina nazis, contribuyendo así a su legitimación.

De entre las publicaciones de Asperger en la era nazi, el artículo de 1938 sobresale por varias razones. Se publicó cinco años antes del famoso artículo de Leo Kanner sobre el autismo y contiene la primera descripción dentro de la literatura científica sobre la «psicopatía autística» como un síndrome nuevo y no descrito con anterioridad. Ese artículo era la versión escrita de una conferencia que Asperger había pronunciado siete meses después de la *Anschluss*, y es revelador respecto al modo en que éste se posicionaba ante los nuevos dirigentes: Asperger se presentaba como alguien de quien podía esperarse que se adaptara al nuevo régimen. Lo más significativo para nuestra argumentación es que Asperger empieza el artículo manifestando su apoyo al planteamiento totalitario y antiindividualista de la medicina y la salud característico del nacionalsocialismo:

> Estamos en el epicentro de una reorganización formidable de nuestra vida intelectual que se ha apoderado de todas las áreas de la vida, también de la medicina. La idea central del nuevo Reich —la de que el todo es más que las partes y de que el *Volk* es más importante que el individuo— tenía que suponer cambios fundamentales en nuestra actitud, entre nosotros, que tratamos con el bien más preciado de la nación, su salud.[131]

Antes de que se diera comienzo en 1939/40 a los asesinatos sistemáticos dentro del programa de «eutanasia», la consecuencia más seria de parecidas ideas había sido la «Ley para la prevención de la descendencia con enfermedades hereditarias» de julio de 1933, en virtud de la cual, a comienzos de 1938, 220.000 personas ya habían sufrido esterilizaciones por la fuerza en Alemania.[132] Los médicos que formaban la audiencia de Asperger durante su conferencia estaban muy al corriente de estas políticas, puesto que se habían debatido ampliamente en sus círculos profesionales, así que debieron entender perfectamente a qué se estaba refiriendo con su exhortación a que cooperaran con la normativa de esterilización impuesta por el régimen:

> Ustedes saben por qué medios se lucha para evitar la transmisión de material hereditario enfermo —pues muchos casos

de los que aquí nos conciernen son trastornos hereditarios—y para promover la salud hereditaria. Nosotros, los médicos, debemos ocuparnos de las tareas que surgen en la actualidad en este campo con responsabilidad plena.[133]

Asperger volvería a repetir la idea de la «cooperación responsable» con el propósito de higiene racial del régimen nazi en escritos posteriores. En breve consideraremos qué suponían estas tareas y cómo las afrontaba él mismo en el contexto de su práctica médica. Proseguía especificando, en esta misma conferencia de 1938, de qué modo se debía implementar la ley de esterilización en los niños que presentaran «características opuestas en casi todos los aspectos» al tipo autístico de alto funcionamiento que había descrito por primera vez en ese artículo:

> Estos niños están por debajo de la media intelectualmente (llegando al grado de deficientes mentales), si por inteligencia nos referimos a la inteligencia abstracta, mientras que en lo que se refiere a la razón práctica, en suma, todo aquello que tiene que ver con el instinto, y que incluye la utilidad práctica y el valor de su carácter, están mucho mejor desarrollados en términos relativos. Estos últimos casos son importantes… o al menos lo serán tan pronto como la «Ley para la prevención de la descendencia con enfermedades hereditarias» se imponga también aquí [en Austria]. Cuando el médico deba tomar una decisión en un caso como éste, no deberá hacerlo basándose sólo en un cuestionario o en la cifra que resulte del coeficiente de inteligencia. Más bien, se basará principalmen-

te en su conocimiento de la personalidad del niño, teniendo en cuenta todas las habilidades del niño además de su inteligencia abstracta.[134]

Forzando la interpretación de este fragmento, algunos investigadores han querido ver y han citado este pasaje como prueba de que Asperger trataba de proteger públicamente a sus pacientes de la esterilización forzosa.[135] Este llamamiento a la contención es tanto más significativo si se tiene en cuenta la investigación que entonces estaba en curso sobre la confiabilidad política de Asperger (que concluyó en junio de 1939, como hemos visto). Si el texto se debiera interpretar como una exigencia de protección para estos niños, ¿por qué no quedó perjudicada su imagen ante la jerarquía nazi con estos comentarios, que llegó a la conclusión de que estaba conforme con sus políticas de higiene racial?

Para no dejar lugar a malas interpretaciones, es preciso advertir que apelar a una aproximación «holística» de la personalidad de los niños no era algo inusual entonces, de hecho, era una concepción característica del Servicio Pedagógico Curativo desde la época de su fundador Lazar. En el contexto ideológico de la Viena posterior a la *Anschluss*, situar el *Gemüt* —entendido como «alma» o «carácter»— y la «inteligencia práctica» por encima de la «inteligencia abstracta», lejos de ser inusual, era algo que se correspondía con el franco desdén de los nazis por el pensamiento analítico, que ellos connotaban peyorativamente como «judío». De hecho, los comentarios jurídicos oficiales sobre la ley de esterilización definían «debilidad mental» de un modo semejante.[136] La noción de *Lebensbewährung* (comprobación por la vida práctica) que los tribunales de esterilización aplicaban en los casos en que no estaba claro el carácter hereditario de la enfermedad, también pone de relieve que la política de higiene racial estaba guiada por un abordaje «holístico» de la inteligencia.[137] En 1940, las habilidades prácticas y la productividad se convirtieron en los criterios decisivos para la aplicación de las medidas de higiene racial.[138] Es importante reparar en que mientras Asperger se centraba en las habilidades otros se fijaban primariamente en los defectos. En términos generales, sin embargo, evaluar el «valor hereditario» de acuerdo con una gama amplia de criterios a discreción del médico y no sólo a través de la inteligencia era algo que podía ser un arma de doble filo para los pacientes: muchos de los que se clasificaban como «psicópatas autísticos» podrían haber obtenido mejores puntuaciones si se hubiera valorado aisladamente su inteligencia abstracta. En suma, mientras que el discurso de Asperger de 1938 no debería continuar malinterpretándose como una crítica fundamental a la higiene racial, es un buen ejemplo sobre cómo consiguió formular algunas de sus preocupaciones sin violar los límites de lo políticamente aceptable a ojos del régimen nazi.

Otra de las publicaciones de Asperger, de 1939, capturaba en pocas líneas los dogmas fundacionales de la medicina nazi, incluso su lenguaje típicamente eufemístico, como, por ejemplo, cuando habla de «medidas restrictivas»:

En la nueva Alemania, nosotros, los médicos, hemos asumido una profusión de nuevas responsabilidades además de las antiguas. A nuestra labor de ayudar al paciente individual, se le ha añadido el gran deber de promover la salud del *Volk*, que es mucho más que el bienestar de los individuos. No es preciso que me explaye contando el enorme esfuerzo que se está llevando a cabo con nuestro trabajo positivo y exigente. Pero todos sabemos que también tenemos que llevar a cabo medidas restrictivas. Del mismo modo que el médico a menudo tiene que hacer dolorosas incisiones durante el tratamiento de los individuos, también debemos efectuar incisiones en el cuerpo nacional [*Volkskörper*] con un gran sentido de responsabilidad: debemos asegurarnos de que a los enfermos que trasmitirían sus enfermedades a generaciones posteriores, en detrimento del individuo y del *Volk*, se les impida propagar su material hereditario enfermo.[139]

El efecto que el paradigma de la higiene racial nazi tenía sobre el trabajo de Asperger estaba condicionado, en gran medida, por el papel que entonces se atribuía a la herencia en la transmisión de rasgos de personalidad y los trastornos mentales. En este sentido, Asperger enfatizaba los beneficios de unas condiciones ambientales óptimas (como las de su clínica) aun cuando la disposición genética (lo que él llamaba «constitución») fuese defectuosa:

> Por lo tanto, estamos llamados, en primer lugar, a contribuir decisivamente a la que probablemente sea el área de investigación más importante sobre la herencia humana, a saber, la cuestión relativa a la transmisión hereditaria de rasgos y

anomalías mentales. También tenemos que guiar el camino de la práctica eugenésica, especialmente en lo relativo a los problemas que se derivan de la «Ley para la prevención de la descendencia con enfermedades hereditarias»... y no sólo los médicos, sino también los profesores de las escuelas especiales con quienes trabajamos. Pero también disponemos de [...] oportunidades que pocos tienen a su alcance para estudiar la cuestión decisiva: ¿qué influencia tienen las condiciones ambientales óptimas sobre los individuos comprometidos por su herencia? ¿Qué puede conseguir la «educación a pesar de la herencia»? ¿Vale la pena el trabajo pedagógico con individuos fuera de la norma?[140]

Aunque muchos higienistas raciales eran más dogmáticos por lo que respecta a una visión del determinismo genético sin matices, la ideología nazi no era monolítica. El planteamiento más flexible de Asperger no sólo era compatible con las medidas más extremas como las esterilizaciones forzosas —como bien ilustra este fragmento que hemos reproducido—, también estaba en la línea de otras poderosas corrientes como el paradigma de la pedagogía y el liderazgo de las Juventudes Hitlerianas o la corriente más extendida de la pedagogía curativa nazificada.[141]

En su trabajo de 1944 sobre el autismo, Asperger reiteraba su creencia en que las posibilidades de desarrollo mental de un individuo estaban determinadas en primer lugar por su constitución genética y, por lo tanto, la *Heilpädagogik* sólo podía esperar conseguir ciertas mejoras dentro de estos parámetros predeterminados:

Ha quedado firmemente demostrado que los estados psicopatológicos están anclados en la constitución humana y que, por lo tanto, son heredables; aun así, también ha quedado establecido que resulta vano esperar que se encuentre un mecanismo claro y simple de transmisión hereditaria.[142]

Aunque este punto de vista sigue pasando la prueba del tiempo en relación a algunos trastornos específicos como el autismo, resultaba ser una opinión seriamente errónea en otros casos. Un ejemplo reprensible de ello lo encontramos cuando Asperger diagnostica a criaturas de hasta cinco años en términos que recuerdan a los de «prostitutas natas» o «criminales natos» de Lambroso. En los casos de abuso sexual, Asperger tendía a menudo a culpar a las víctimas, basándose en la noción de patrones de comportamiento constitucionalmente determinados según los cuales, supuestamente, estos niños habrían estimulado (o «seducido») a los perpetradores. Son lamentables ejemplos de ello casos como el de Elfriede P., que según Asperger había mostrado un sospechoso «interés» cuando fue objeto de abusos a la edad de cinco años, o el de Kurt K., a quien Asperger había etiquetado como «criminal inestable» a la edad de doce años[143] —trataremos de ello más detenidamente en el capítulo «Asperger en los años de posguerra»—.

Un elemento clave en ese relato laudatorio establecido que ya vamos desmontando y que presentaba a Asperger como un adversario de las políticas nazis por elevados principios, deriva de sus repetidas exhortaciones a tratar a los niños enfermos con la mayor dedicación para ayudarles a superar sus problemas.[144] Es cierto, sin embargo, que algunas de las publicaciones de Asperger trasmiten compasión hacia sus pacientes y que en diversas ocasiones reclamó tolerancia y atención hacia ellos. Uno de los pasajes más significativos en este sentido se encuentra en su trabajo de 1944 sobre autismo:

> Creemos que tales individuos tienen su propio espacio dentro del organismo de la comunidad social, que lo llenan por completo, quizás de una manera en la que nadie más podría llenarlo. [...] Estos individuos muestran, más que otros, las capacidades de que disponen para el desarrollo y la adaptación, incluso las personalidades anormales. A menudo, en el curso de su desarrollo, surgen posibilidades para su integración que uno no se hubiera atrevido a contemplar [...] Este hecho determina nuestra actitud y nuestro juicio de valor ante personas difíciles de ésta y otras clases, y nos da el derecho y la obligación de apoyarlos con toda la fuerza de nuestra persona.[145]

También este fragmento de su discurso de 1938, en el que expresaba su determinación para apoyar a sus pacientes sigue la misma línea:

> Pero déjenme que exprese hoy este problema no desde el punto de vista del *Volk* como una totalidad —en tal caso, uno tendría que centrarse fundamentalmente en la «Ley para la prevención de la descendencia con enfermedades hereditarias»— sino desde el punto de vista de los niños anormales.

¿Qué podemos conseguir por estos niños? Ésta debería ser la pregunta.[146]

De nuevo, nuestra propia pregunta es si este planteamiento enfrentaba a Asperger con el régimen o incluso si eso lo hacía vulnerable a represalias, lo que constituye una afirmación central dentro del relato beatífico sobre su resistencia a los nazis. Los datos, sin embargo, no lo confirman. Ya de por sí el hecho de que estas declaraciones de Asperger se publicaran en periódicos controlados por partidarios del régimen nazi demuestra que no se percibían como planteamientos críticos con el régimen. Más todavía, la carrera de Asperger siguió progresando sin trabas a lo largo de este período. Escrutado repetidamente con vistas a nuevas promociones, recibió siempre informes positivos sobre su confiabilidad política, como mostramos ya en el capítulo anterior.

Sin embargo, es muy importante señalar el gran error que sería suponer que el apoyo terapéutico a los niños «anormales» no tenía cabida dentro del Estado nazi, debido a su empecinamiento por exterminar a los individuos mentalmente discapacitados. A causa de la creciente carencia de mano de obra, rehabilitar a cuantos trabajadores potenciales fuera posible terminó siendo un imperativo político y militar, también para aquellos que se consideraban de inferior calidad hereditaria. En el contexto de la «eutanasia», la exterminación de pacientes «incurables» —después de que los intentos de mejorar su condición hubieran fracasado— coincidió con un interés creciente por la «terapia activa».

La dicotomía entre asesinato y terapia queda ejemplificada por la introducción de la terapia electroconvulsiva, promovida por el programa Aktion T4, la organización responsable de gasear a decenas de miles de personas para reducir al mínimo el grupo residual de pacientes «incurables».[147] A la luz de estas circunstancias, vemos que las llamadas de Asperger para que no se ahorrase ningún esfuerzo en educar y guiar a los niños «difíciles» no representaban necesariamente un desafío contra la pedagogía y la higiene racial nazis; más bien, eran fácilmente compatibles con la aspiración del Estado nazi de controlar, disciplinar y organizar a los niños y jóvenes considerados «dignos» de pertenecer a la *Volksgemeinschaft* (comunidad del pueblo). El propio Asperger subrayaba esto mismo cuando insistía repetidamente en el papel productivo que la *Heilpädagogik* podía desempeñar dentro del nuevo orden nazi, también en su discurso de 1938:

> Y si les ayudamos [a los niños anormales] con toda nuestra dedicación, también rendimos el mejor servicio a nuestro *Volk*; no sólo evitando que sean una carga para la *Volksgemeinschaft* con sus actos disociales y criminales, sino también tratando de asegurar que cumplen con sus deberes como individuos productivos dentro del organismo vivo del *Volk*.[148]

En efecto, hasta los más virulentos nacionalsocialistas de entre los colegas de Asperger apoyaban la terapia para aquellos niños a quienes veían como potenciales recursos para el Estado. Entre éstos se incluía a dos nazis consumados, al mentor de Asperger, Franz Hamburger, y también a Erwin Jekelius, un psiquiatra pediátrico formado en la clínica de Hamburger que en 1940 se convirtió en el principal organizador de las operaciones del dispositivo de exterminio Aktion T4 en Viena. Jekelius se aseguró la colaboración de las autoridades locales y de los hospitales para que la operación se llevara a cabo sin problemas. Desde junio de 1940 hasta finales de 1941, Jekelius dirigió la institución para el asesinato masivo de niños Am Spiegelgrund, donde cientos de niños discapacitados fueron aniquilados.[149]

Jekelius había recibido parte de su formación en el Servicio Pedagógico Curativo cuando éste se hallaba bajo la dirección de Asperger, y donde estuvo empleado desde agosto de 1933 hasta febrero de 1936.[150] Asperger y Jekelius mantuvieron contactos profesionales durante el período nazi. En 1941, cuando Jekelius se convirtió en el primer presidente de la recién fundada Asociación Vienesa para la Pedagogía Curativa, Asperger ejerció la función de representante de la Clínica Pediátrica junto a Hamburger.[151] En la Oficina Central de Salud Pública de Viena, donde Jekelius dirigió una unidad que se ocupaba de los «enfermos mentales, psicópatas y adictos» —puesto que usó para encubrir sus actividades al servicio de la Aktion T4—, Asperger empezó a trabajar el 1 de octubre de 1940 a tiempo parcial como médico especialista y evaluador de los niños con «irregularidades» mentales (*Auffälligkeiten*). Un documento de su expediente laboral sugiere que en el ejercicio de este cargo Asperger estuvo vinculado a la unidad de Jekelius, mientras que otros documentos lo sitúan en una unidad distinta del mismo departamento, discrepancia que quizás se deba a las discontinuidades que se produjeron en la administración de la ciudad durante este período convulso.[152] En cualquier caso, el hecho de que Asperger fuera designado en un documento como un miembro del equipo de Jekelius sugiere que obtuvo el cargo por recomendación directa de éste o al menos con su consentimiento. A falta de pruebas documentales, la naturaleza exacta del trabajo de Asperger para la ciudad de Viena en este contexto —y su colaboración con el nefasto Jekelius— sigue siendo incierta, con la excepción crucial de su intervención en el examen de más de 200 niños de la institución Gugging (cerca de Viena) que Asperger llevó a cabo, muchos de los cuales fueron enviados a la muerte en el Spiegelgrund de Jekelius.

Erwin Jekelius representa la medicina nazi en sus extremos más inhumanos: un fanático nazi y un asesino, responsable de la muerte de miles de pacientes. Si fuera cierto que Asperger se desviaba de la línea del partido, indudablemente, Jekelius lo hubiera llamado al orden. Por el contrario, esto es lo que Jekelius opinaba acerca de Asperger y de su enfoque terapéutico:

> En esta ocasión, me gustaría recordarles la sustancial lección de pedagogía curativa que nuestro Dr. Asperger dio el año pasado en este mismo lugar. Él explicó, de un modo vívido y convincente, que especialmente en el Tercer Reich, con la abundancia de nuevas tareas y ante una mano de obra escasa, no podemos abandonar a quienes «están en los márgenes».

Nos mencionó ejemplos impresionantes de antiguos pacientes del servicio de *Heilpädagogik* que sirvieron de manera brillante en el frente interno y en el externo durante la gran batalla por la liberación final de nuestro pueblo alemán. Y más de un antiguo «niño problemático» que hoy en día luce la Cruz de Hierro por su valiente comportamiento frente al enemigo se hubiera echado a perder si no se le hubiera enseñado, de acuerdo con la pedagogía curativa, cómo derrotar al enemigo interior.[153]

No cabe duda de que, cuando comparamos los escritos de estos dos hombres, entre ellos se aprecia una enorme diferencia en el tono de sus intervenciones. Esta diferencia también resulta visible en la siguiente frase, donde Jekelius manifiesta lo que se debería hacer con niños considerados no tratables mediante la *Heilpädagogik*: «El idiota es enviado al asilo y el antisocial a un campo de concentración para menores».[154] Jekelius no mencionaba explícitamente el programa de «eutanasia» —su existencia era un secreto de Estado—, pero su sentido debió de haber quedado claro para profesionales informados.[155] Esta frase ejemplifica un uso del lenguaje mucho más duro del que jamás hubiera usado Asperger, quien solía enfatizar la empatía que sentía para con los niños «anormales». Pero como indica el gesto de aprobación de Jekelius hacia Asperger, no cabe duda de que el primero compartía su opinión sobre el papel de la pedagogía curativa en la rehabilitación de los niños problemáticos para convertirlos en miembros productivos del cuerpo político germano.

Este planteamiento utilitario de Asperger, ampliamente aceptado como la razón de ser de la *Heilpädagogik*, es un tema recurrente a lo largo de sus escritos durante el período nazi e incluso después:

> Quería dejar claro desde el principio al hablar hoy sobre nuestra obligación específica, como seguidores de Esculapio, hacia el individuo anormal, tal como yo la veo. [...] La cuestión es: ¿vale la pena nuestro compromiso total en la tarea del cuidado de los individuos intelectual o personalmente anormales? [...] Los hechos mencionados nos demuestran con claridad que debemos ser muy prudentes con el veredicto desdeñoso del «valor inferior» [de estos niños] y las consecuencias que se podrían derivar de eso. [...] Pero si nos preocupamos por estos individuos —con un compromiso doloroso y dispuestos a hacer sacrificios— seremos capaces de llevar, al menos a una parte de ellos, hasta un lugar en el que no sean una carga y un peligro para la comunidad nacional, sino miembros productivos de ésta.[156]

En el artículo de 1941 al que Jekelius citaba como referencia, Asperger definía la relación entre su propio credo profesional y el programa pedagógico del Estado nazi en términos todavía más explícitos:

> Nuestra época ha traído cambios revolucionarios al campo de la educación: mientras en épocas anteriores cierto número de orientaciones filosóficas, políticas y religiosas estipulaban sus objetivos pedagógicos y, en consecuencia, competían las unas con las otras, hoy en día el Nacionalsocialismo ha im-

puesto su objetivo pedagógico y exige que éste sea el único válido. En la medida que este desarrollo tiene que aprobarse, debemos poner de relieve, en cualquier caso, que esta finalidad única, la integración en el Estado Nacionalsocialista, sólo puede ser alcanzado por estos niños haciendo uso de medios diversos. [...] Por innumerables informes y visitas, también por cartas desde el frente y visitas de soldados, sabemos cuántos de nuestros niños, incluso algunos casos muy difíciles, cumplen ahora enteramente sus deberes respectivos en su profesión, en las fuerzas armadas y en el partido [nazi], no pocos de ellos en posiciones eminentes. Así es como sabemos, por el éxito de nuestro trabajo, que vale la pena el esfuerzo.[157]

En este texto, Asperger se refiere a niños «cuya anormalidad no es del tipo que reclamaría la esterilización, pero de los que fracasarían socialmente sin nuestra comprensión y sin nuestra asistencia, y que con esta ayuda son capaces de ocupar su lugar en el amplio organismo de nuestro pueblo». Estos niños tenían poco que ver con aquellos a quienes estaba destinada la «eutanasia» infantil o la esterilización forzosa.[158] Este artículo fue presentado por primera vez en septiembre de 1940 en una importante conferencia pediátrica en Viena de la que Asperger fue uno de los tres únicos oradores vieneses. El orador principal fue Leonardo Conti (1900-1945), director de salud del Reich.[159] Si bien este hecho podría contribuir a explicar las referencias de Asperger al esfuerzo bélico y al partido, también demuestra que era alguien considerado lo bastante digno de confianza como para ser el representante de su campo en un foro tan destacado y, una vez más, que las posiciones que adoptaba no eran en absoluto consideradas inaceptables y ni siquiera suscitaban controversias para la jerarquía nazi. En la misma conferencia, Werner Villinger (1887-1961), fundador de la psiquiatría juvenil en la Alemania nazi y experto evaluador para la campaña de asesinatos Aktion T4, expresó la dicotomía entre «educación» y «eliminación»: «Sólo cuando esto [las tentativas educativas exitosas] demuestra ser imposible, se vuelve necesario arrancar las malas hierbas, mediante el internamiento permanente en una especie de colonia de trabajo».[160] Con ocasión de esta conferencia quedó además establecida la Asociación Germana para la Psiquiatría Juvenil y la Pedagogía Curativa, prueba adicional de que la última disciplina no representaba una cuestión polémica para el régimen.[161] La actitud compleja y a veces contradictoria hacia los niños con discapacidades u otros problemas queda patente en el hecho de que las Juventudes Hitlerianas tenían formaciones especiales para los ciegos y los sordomudos.[162] En términos generales, nadie discutía que la pedagogía curativa tenía un importante papel para contribuir a aliviar la carestía de mano de obra que amenazaba el esfuerzo bélico de la Alemania nazi.

La pregunta decisiva que quedaba por responder era qué debería sucederle a aquel grupo residual de niños cuyas discapacidades eran tan limitadoras que los esfuerzos para rehabilitarlos no eran justificables desde el punto de vista utilitario entonces predominante, y que coincidía con el que Asperger profesaba. Mientras que Jekelius mencionaba explícitamente «campos de concentración» —para los rebeldes— y «asilos» como último recurso —omitiendo la exterminación de niños discapacitados que por entonces estaba teniendo lugar bajo sus órdenes—, Asperger optó por permanecer en silencio sobre este punto. Esto tiene importantes consecuencias, sobre todo en relación al número relativamente pequeño de sus pacientes a quienes etiquetaba como «psicópatas autísticos».[163] Algunos autores argumentan que Asperger puso el foco de atención en los niños que se clasificaban con lo que habitualmente se llama «alto funcionamiento», situados en un extremo del espectro, y lo interpretan como una táctica para proteger a los niños con rasgos autísticos de las medidas de higiene racial.[164] Este argumento es problemático por diversas razones.

En primer lugar, la idea de que Asperger trató de proteger a los niños autísticos de la higiene racial nazi no se puede reconciliar fácilmente con el hecho de que dedicara una sección de su artículo de 1944 a la base hereditaria de su problemática, insistiendo en que «cualquier explicación basada en factores exógenos es absurda». Mientras que esta posición anticipaba posteriores desarrollos en la investigación sobre el autismo, debemos plantearnos la pregunta de si en estas circunstancias era prudente hacer este énfasis en lo hereditario. Si proteger a sus pacientes autistas era su objetivo primordial, hubiera podido adoptar una posición más flexible y menos susceptible de dirigir la atención de los higienistas raciales hacia sus pacientes.[165]

En segundo lugar, sus pronósticos para los «psicópatas autísticos» estaban muy lejos de ser universalmente optimistas. En su trabajo de 1938, «Los niños mentalmente anormales», presentaba a dos niños: uno de los chicos era «inteligente muy por encima de lo que corresponde a su edad» pero sufría de «hipersensibilidades» mentales y físicas —sin vínculo con el autismo—. El otro niño representó el primer caso de un «psicópata autístico» dentro de la literatura médica. Al igual que el primer niño, había en él «un contraste entre rasgos patológicos y algunos otros valiosos», pero sufría —Asperger insistía en este punto— de «un profundo trastorno de la personalidad». En este artículo, Asperger no destacó el potencial de los «psicópatas autísticos», sino que más bien los comparó desfavorablemente con otros niños, menos afectados. Aunque el chico que Asperger eligió como ejemplo de los «psicópatas autísticos» pertenecía claramente al grupo de «alto funcionamiento», dejó bien claro que esta enfermedad presentaba gran variación en lo referente al «pronóstico» y al «valor social» del individuo. Mientras que consideraba a algunos de los «psicópatas autísticos» capaces de «grandes logros intelectuales», en otros casos la «originalidad autística» era descrita como «bizarra, excéntrica e inútil», con «transiciones fluidas hacia la esquizofrenia», cuya «principal característica es también el autismo, la pérdida de cualquier contacto con el entorno».[166] Los cuatro niños que aparecen en su trabajo de 1944, más conocido, también presentaban variaciones considerables en el grado de sus discapacidades, lo que desmiente que se centrara en los casos más prometedores para presentar la «psicopatía autística» de un modo más favorable. Fritz tenía capacidades sobresalientes para su edad en matemáticas, pero era incapaz de asistir a la escuela ordinaria y había pasado los tres primeros años de su escolaridad en educación domiciliaria. Los síntomas autísticos de Harro eran menos severos, pero a pesar de su buen potencial intelectual, también tenía graves dificultades para concentrarse y para aprender en el marco escolar tradicional. La mejor solución para los «psicópatas autísticos», según Asperger, era que encontraran un modo de compensar la falta de «adaptación instintiva social» mediante el intelecto. El problema era, sin embargo, que el «carácter autístico» también estaba presente en los «menos capacitados intelectualmente, incluso en los deficientes mentales».[167] En el caso de Ernst, Asperger expresó sus dudas acerca de si era «particularmente listo o débil mental» —el niño tenía problemas para seguir el ritmo incluso en la escuela especial—. Pero Asperger insistía en que había «muchos niños claramente deficientes mentales que también exhiben las características inconfundibles del psicópata autístico». Estos últimos pacientes, de acuerdo con Asperger, a menudo eran similares a los casos de trastornos provocados por daño cerebral orgánico, como los traumatismos perinatales. Ilustró este extremo con el cuarto caso de su estudio, Hellmuth, a quien describió no como un «psicópata autístico» sino como un «autómata autístico».[168]

Se podría argumentar que a pesar de que mencionara a niños con discapacidades tan severas como para excluirlos de cualquier lugar útil en la sociedad, en conjunto, Asperger embellecía el cuadro de la «psicopatía autística» tanto como se lo permitían sus criterios científicos. Ciertamente, insistía en que sólo un pequeño número de «psicópatas autísticos», los que adicionalmente padecían una «clara inferioridad mental», eran incapaces de al menos cierto grado de integración social. Con todo, el argumento de que Asperger se centraba en los casos de mejor funcionamiento para proteger a todos sus pacientes —presumiblemente, para desviar la atención de los menos capacitados— es cuestionable a la luz de lo que hemos comentado hasta aquí, dado que no ocultó a sus lectores las severas deficiencias de algunos de los chicos.

En tercer lugar, hay un error fundamental al suponer que destacar el potencial de algunos de sus pacientes hubiera beneficiado también a todos los demás. Los chicos que se situaban en la parte inferior del espectro no se beneficiaron del potencial atribuido a los del extremo superior, aun cuando compartieran con ellos el diagnóstico general de «psicopatía autística». Su destino no dependía de la etiqueta diagnóstica, sino de la evaluación individual de sus habilidades o discapacidades. Más que ninguna otra cosa, el argumento utilitario del «valor social» empleado por Asperger —y por muchos de sus colegas— aumentaba el peligro para aquellos que no podían satisfacer tales expectativas. Al centrarse en los de mejor funcionamiento no se contribuyó en nada a rescatar a todos los demás: los del extremo inferior del espectro seguían expuestos al peligro de ser abandonados a su suerte.

A menudo, la función de la *Heilpädagogik* en este contexto era decidir dónde se debía trazar la frontera.

La preferencia por los niños que quizás responderían positivamente a la intervención pedagógica y la exclusión de los «sin esperanza» era una característica de la pedagogía curativa desde sus inicios en la Austria de comienzos de siglo XX. Es importante tener presente que la misión de la *Heilpädagogik* de Asperger era primariamente ocuparse de los «niños difíciles» que causaban problemas tales que sus cuidadores no podían resolverlos sin ayuda profesional.[169] Los niños con discapacidades mentales severas se consideraban excluidos del ámbito de acción de esta disciplina, ya que no se podía esperar de ellos progresos tangibles. En 1935, en el congreso fundacional de la Sociedad Austríaca de Pedagogía Curativa, Theodor Heller (1869-1938), una de sus figuras más influyentes, manifestó: «La pedagogía curativa, sin embargo, sólo se ocupará de los elementos educables y difícilmente puede cargar con el cuidado de idiotas». Los «ineducables» debían ser tratados en instituciones especiales de acuerdo con principios humanitarios, en contraste con los esfuerzos racional y económicamente justificados que hacía la pedagogía curativa con los «educables».[170] Durante el período nazi, la *Bildungsunfähigkeit* (ineducabilidad) se convirtió en el criterio clave del programa de «eutanasia» infantil.[171]

Que se destacara el potencial de algunos pacientes no debería confundirse con la defensa de todos los niños con discapacidades, más bien, servía para demostrar la utilidad de la *Heilpädagogik* para la sociedad. Además, Asperger no adoptó esta estrategia como reacción ante la toma del poder de los nazis en Austria. Un artículo de 1937 —con el mismo título que usaría luego en 1938— ya empleaba argumentos similares en apoyo de la misión de la pedagogía curativa.[172] No resulta difícil entender el porqué: en el clima posterior a la anexión de Austria, Asperger sintió la necesidad de explicar qué tenían que ofrecer él y su disciplina al nuevo régimen político, recalcando su fidelidad a los principios fundamentales del nacionalsocialismo y adaptando argumentos anteriores sobre la misión utilitaria de la *Heilpädagogik* a las nuevas realidades políticas.

En términos generales, las llamadas de Asperger a otorgar los mejores cuidados posibles a los niños «anormales» no lo situaba fuera de la corriente principal de la *Heilpädagogik* y de la naciente disciplina de la psiquiatría juvenil bajo el nacionalsocialismo. Las comunicaciones presentadas en la primera conferencia de la recientemente fundada Sociedad Germana para la Psiquiatría Infantil y la Pedagogía Curativa, celebrada en Viena en septiembre de 1940, también muestran que las posiciones de Asperger estaban claramente en línea con las opiniones consideradas legítimas en un foro tan representativo como aquél. Aunque algunos de los oradores enfatizaron el papel de la pedagogía curativa al implementar mecanismos para la selección destinada a la higiene racial, los aspectos positivos sobre cómo ayudar a los niños a alcanzar su potencial —dentro de los límites establecidos por su propia «constitución hereditaria»— también ocuparon un lugar destacado. Si bien los escritos de Asperger sobre sus pacientes destacan por su tono más cálido, nada de lo que decía estaba fuera del discurso oficialmente sancionado.[173]

La adaptación de la rama vienesa de la pedagogía curativa al nuevo orden político nacionalsocialista y a su paradigma de higiene racial fue facilitada por el hecho de que, desde 1930, Hamburger había purgado esta escuela de la influencia de corrientes como el psicoanálisis y había impuesto el predominio de un paradigma puramente biologicista, basado en la importancia de los defectos «constitucionales» hereditarios.[174] Asperger, que había empezado su carrera bajo la dirección de Hamburger, compartía muchos de sus puntos de vista, incluyendo una acérrima oposición al psicoanálisis.[175]

Por tanto, la pedagogía curativa no sólo era compatible con el objetivo del Estado nazi de construir una comunidad nacional —excluyendo a los elementos «defectivos» y a los «racialmente ajenos»—. Se produjo, incluso, un incremento en la demanda de expertos dispuestos a establecer la frontera entre aquellos de quienes se podía esperar que llegaran a ser miembros útiles de la comunidad y los que debían ser apartados.[176] El aumento de esta demanda, junto a la exclusión de los médicos judíos, supuso mayores oportunidades para la carrera de Asperger —en Viena, aproximadamente 110 pediatras fueron considerados judíos de acuerdo con la legislación racial nazi y perdieron su sustento, su vivienda y, en al menos 12 casos, también la vida—.[177] Una de estas oportunidades, por ejemplo, fue su designación como perito en mayo de 1938 ante la Corte Juvenil de Viena.[178] Como ya hemos mencionado, en octubre de 1940 obtuvo un contrato a tiempo parcial en la Oficina de Salud Pública como especialista médico municipal de «niños anormales», una función relacionada con el sistema vienés de escuelas especiales.[179] En este cargo, redactó de forma rutinaria informes, lo que es difícil de reconciliar con su declaración de 1974 en la que aseguraba no haber remitido pacientes a esta oficina.[180] De acuerdo con Hamburger, las opiniones de Asperger como experto eran consideradas como la «máxima autoridad», no sólo por la oficina de servicios sociales juveniles y la corte de justicia para jóvenes, sino también por la Organización Nacionalsocialista para el Bienestar Social del Pueblo (NSV).[181]

Las oficinas de salud pública de la Alemania nazi recogían información sistemáticamente para elaborar un «índice hereditario» (*Erbkartei*) de toda la población, concebido para imponer medidas de higiene racial a los considerados de inferior calidad hereditaria —en Viena se recogió información sobre más de 767.000 individuos, por ejemplo—.[182] El equipo de la clínica de «eutanasia» de Spiegelgrund informaba rutinariamente de pacientes según estos parámetros.[183] En cambio, los informes del servicio de Asperger sólo contienen un pequeño número de documentos de esta clase,[184] lo cual podría indicar que quizás Asperger era reticente a informar sobre sus pacientes para este «índice hereditario» … si es que los archivos no fueron purgados de documentos comprometedores, algo que no se puede excluir, pues se conservaban en la clínica de la que Asperger fue director desde 1946 hasta 1949 y desde 1962 hasta su jubilación en 1977.[185] En algunos casos, sin embargo, está demostrado que Asperger cooperó: como mínimo tenemos constancia de siete expedientes de pacientes de su servicio que contienen correspondencia con el Departamento de Higiene Racial y Hereditaria (*Erb- und Rassenpflege*), de la Oficina de Salud Pública, cuatro de los cuales están firmados personalmente por Asperger. No se indica el motivo por el cual el departamento implicado en el «índice hereditario» fue consultado en estos casos y no en muchos otros casos similares.[186]

Una muestra de 30 pacientes que fueron admitidos tanto en el servicio de Asperger como en la institución Am Spiegelgrund nos permite hacer una comparación sobre los diagnósticos de los niños en cada establecimiento. En el capítulo «Los diagnósticos de Asperger comparados con los de Spiegelgrund», veremos lo que esta comparación revela acerca de la práctica diagnóstica de Asperger, y también sobre su supuesto «optimismo pedagógico». En referencia a la higiene racial y hereditaria, el resultado de la comparativa es el siguiente: en 14 de 30 casos, los expedientes contienen anotaciones que sugieren un factor hereditario en el trastorno del niño. En dos de estos casos, tanto Asperger como el equipo de Spiegelgrund sugieren una etiología hereditaria. En otros dos casos, Asperger incluye en su informe una referencia al carácter hereditario del trastorno, mientras que el equipo de Spiegelgrund no lo hace. En diez de los casos, sin embargo, sólo los médicos de Spiegelgrund hacen referencia al carácter hereditario. En los cuatro casos en que Asperger hizo referencia al factor hereditario, utilizó el término «degenerativo» —atribuyendo al niño en cuestión una «constitución degenerativa» o «personalidad degenerativa», por ejemplo—, sin llegar a sugerir, sin embargo, medidas como la esterilización.[187] Según estos datos, los médicos de Spiegelgrund estaban más claramente inclinados a referirse al carácter hereditario de la enfermedad de los pacientes infantiles, ya fuera directamente, como un factor etiológico, o indirectamente, incluyendo información negativa sobre la *Sippe* (los familiares) del niño.

Ni los expedientes de Spiegelgrund ni los archivos clínicos del servicio del propio Asperger contienen pruebas de que éste hubiera informado sobre alguno de sus pacientes a la Oficina de Salud Pública con el propósito de esterilizarlo.[188]

Estos hallazgos apoyan las afirmaciones de Asperger según las cuales no habría cooperado con el programa de esterilización, aunque, una vez más, también en este caso cabe la posibilidad de que los ficheros incriminatorios hayan sido purgados. Esto nos lleva a preguntarnos si esta falta de cooperación por omisión debería considerarse o no una forma de resistencia. Es importante tener en cuenta que el programa de esterilización en la Austria nazi nunca llegó a implementarse en una escala similar al de la Alemania nazi entre 1934 y 1939, y los niños no eran el blanco principal. En Viena, el Tribunal de Salud Hereditaria decretó un total de 1.515 esterilizaciones. Aunque en uno de los casos se ordenó la esterilización de un chico de 13 años, el 83% de las víctimas eran mayores de 20 años.[189] El incumplimiento de la ley de esterilización estaba muy extendido en aquella época, y no tenemos indicación alguna de que ello acarreara riesgos personales, como el de ser perseguido por la Gestapo.[190] En 1942, la Oficina de Salud Pública se quejó al director del Hospital General (al que pertenecía la clínica pediátrica de Hamburger) de que a menudo las clínicas hospitalarias no informaban sobre los pacientes con trastornos hereditarios.[191] Además, en el caso de los pacientes de Asperger ingresados en la clínica, esta responsabilidad correspondía a Hamburger como director, con lo cual él quedaba a salvo de cualquier responsabilidad en el improbable caso de que esto llevara a consecuencias indeseables.[192]

Hecho significativo: sólo uno de los historiales médicos que sobrevivieron de los pacientes de Asperger contiene una referencia explícita a la ley de esterilización. Los documentos están de acuerdo con la posición públicamente manifestada por el médico sobre la esterilización, según la cual reclamaba una «implementación responsable». En 1940, Asperger emitió una opinión diagnóstica sobre Therese B., una antigua paciente de 16 años cuyo padre había querido esterilizarla a causa de su supuesta promiscuidad. Asperger le diagnosticó una psicopatía con «rasgos de ninfomanía», pero indicó que, hablando con rigor, no se podía incluir a esta muchacha como candidata para la aplicación de la ley de esterilización, ya que era verosímil que su comportamiento derivara de una encefalitis anterior y no fuera consecuencia de un defecto hereditario.[193]

Más problemático resulta el informe sobre un chico sordomudo de 15 años que Asperger remitió al Departamento de Higiene Racial y Hereditaria en marzo de 1942. Bajo la categoría de «familiares», Asperger apuntó varios casos de sordomudez entre los parientes de Ernst.[194] Aunque el médico no hizo ninguna referencia explícita a la esterilización, la información proporcionada suponía que se tenía que iniciar un procedimiento de esterilización, con el argumento de que el trastorno parecía ser hereditario.[195] Asperger hubiera podido omitir esta información sin correr ningún riesgo, pero en este caso —como en los que remitió a la institución Spiegelgrund— parece que estuvo dispuesto a cooperar, mientras no tuviera que responsabilizarse directamente de las consecuencias.

Hay un caso en el que los documentos indican que Asperger pudo haber ayudado a proteger a un paciente de su posible esterilización. En otoño de 1939 examinó a Aurel I., el hijo de 14 años de un funcionario civil, que tenía «peculiaridades de comportamiento». En su informe, Asperger escribió que Aurel sufriría perjuicios mentales y físicos si se le intentaba integrar en un grupo de chicos, así que quedó exento de ir a la escuela. Su familia lo trasladó luego al campo, donde pasó toda la guerra al cuidado de unos parientes. En una carta de 1962, su hermana agradecía a Asperger que Aurel se hubiera salvado de la «castración» y, posiblemente, de algo peor.[196] Asperger redactó el informe de este paciente pocos días antes de que la ley de esterilización se introdujera en Austria, un acontecimiento al que se le dio amplia publicidad.[197] En 2009, un marchante de arte que había comprado algunos dibujos y papeles de Aurel escribió a la hija de Asperger especulando con que Aurel, a quien se había diagnosticado de esquizofrenia tras la guerra, quizás presentaba rasgos autísticos cuando fue examinado por Asperger.[198] Resulta imposible establecer con certidumbre qué ocurrió en 1939 y hasta qué punto los elementos dramáticos de esta historia ocurrieron realmente o son el resultado de un interpretación de la vida de Asperger que los años transcurridos antes de que se escribieran estas cartas ha favorecido.

Lo que revelan las fuentes documentales de que disponemos es que el modo en que Asperger abordó el programa de esterilización fue, una vez más, ambivalente. Por un lado, como hemos mostrado, expresó su acuerdo fundamental con esa política, aunque reclamaba su implementación cauta y «responsable», lo cual es coherente con su estrategia general que consistía en demostrar su disposición a cooperar, pero sin adoptar la línea dura de la higiene racial nazi. Y al mismo tiempo, los expedientes de los pacientes de su servicio indican que se abstuvo de denunciar niños para que fueran esterilizados, lo cual no parece haberle planteado problemas con las autoridades nazis, dada la implementación reducida de la ley de esterilización en Austria. En el momento en que se iniciaron los primeros procedimientos de la ley de esterilización en ese país, en otoño de 1940, la prevención de «descendencia con enfermedades hereditarias» podía recurrir a otro método más radical: con el establecimiento de Am Spiegelgrund en julio de 1940, el programa de «eutanasia» infantil tenía un dispositivo específico en Viena para aniquilar a niños. Aunque la amplia mayoría de los pacientes de Asperger no padecían el grado de deficiencia mental que el programa estaba diseñado para erradicar, algunos de sus pacientes fueron asesinados en Spiegelgrund. El papel de Asperger en este contexto es de lo que tratamos en el próximo capítulo.

Límites de la «educabilidad»: Asperger y la clínica para la «eutanasia» Spiegelgrund

En sus publicaciones durante la guerra, Asperger manifestó su disposición a cooperar con el Estado nazi. Dio voz, aunque con menos entusiasmo que otros, a algunos de los argumentos para la higiene racial nazi, e intentó razonar que su disciplina tenía un papel importante que jugar dentro del nuevo orden político. Su principal argumento era la supuesta capacidad que tenía la *Heilpädagogik* para conseguir que niños trastornados, difíciles o «anormales» se convirtieran en miembros útiles de la sociedad. El optimismo pedagógico que profesaba alcanzaba sus límites, sin embargo, con los niños que padecían un mayor grado de discapacidad mental. Aunque dentro de su servicio se ocupaba usualmente de casos más prometedores, a lo largo de sus diversas actividades como experto en «niños anormales» también trató con pacientes para los que el Estado nazi tenía en mente poco más que un discreto exterminio medicalizado. A este respecto, como veremos a continuación, los datos que disponemos de su trayectoria sitúan a Asperger como colaborador en las muertes por «eutanasia» de niños que fueron transferidos a Spiegelgrund bajo su recomendación. Su actitud ante esta atrocidad, una vez más, queda entre dos aguas.

Am Spiegelgrund fue una institución fundada en julio de 1940 en las instalaciones del Hospital Psiquiátrico Steinhof de Viena, después de que ya se hubiera mandado aproximadamente a 3.200 pacientes al centro de exterminio de la Aktion T4 en Hartheim.[199] La nueva instalación estaba encabezada por Erwin Jekelius que, como ya hemos visto, previamente había sido colega de Asperger en la clínica universitaria. Durante el mandato de Jekelius en Spiegelgrund, la institución se convirtió en un lugar donde se enviaba a los niños que no cumplían con los criterios del régimen sobre «validez hereditaria» y «pureza racial». De 1940 a 1945, casi 800 niños murieron en Spiegelgrund —se han preservado los archivos de 562 de un total de 789 víctimas—, muchos de ellos asesinados por envenenamiento y otros métodos.[200]

Para comprender mejor la contribución de Asperger al mecanismo de exterminio de Spiegelgrund, pasamos ahora a analizar algunos casos de sus pacientes. El 27 de junio de 1941, Asperger examinó en su clínica a una niña llamada Herta Schreiber, dos meses antes de cumplir su tercer aniversario. La menor de nueve hermanos, Herta mostraba signos de un desarrollo alterado, con trastornos físicos y mentales desde que había sufrido una encefalitis unos pocos meses antes. El informe diagnóstico de Asperger sobre Herta dice lo siguiente:

> Trastorno severo de personalidad (¿postencefalítico?): retraso motriz muy severo; idiocia con irritabilidad; convulsio-

nes. En su hogar, la niña debe ser una carga insoportable para la madre, quien tiene que cuidar de cinco niños sanos. Un ingreso permanente en Spiegelgrund parece absolutamente necesario.[201]

Herta fue admitida en esa institución el 1 de julio de 1941. El 8 de agosto, Jekelius informó sobre ella al Comité del Reich para el Registro Científico de Enfermedades Graves Hereditarias y Congénitas, la organización secreta detrás del programa de «eutanasia». En el formulario enviado a Berlín, Jekelius indicaba que Herta no tenía ninguna posibilidad de recuperarse, pero que su estado no supondría una disminución de su esperanza de vida: una situación inaceptable para los «expertos» en «eutanasia». El 2 de septiembre, un día después de su tercer aniversario, Herta murió de neumonía, la causa más común de muerte en Spiegelgrund, rutinariamente inducida mediante la administración de barbitúricos durante un período prolongado.[202] Una nota en el expediente de Herta en Spiegelgrund indica que su madre no sólo sabía lo que le esperaba a su hija allí, sino que lo aceptaba e incluso lo esperaba:

> La madre solicita ser informada si el estado de la niña empeora. Su marido no debe ser informado, estaría demasiado afectado. Dice entre lágrimas que ella misma puede ver que la niña no está bien mentalmente. Si no se la puede ayudar, sería mejor que muriera. No tendría nada en este mundo, los demás se burlarían de ella. Como madre de otros niños, no quiere esto para la niña, de modo que sería mejor que muriera.[203]

En el contexto de una Viena sometida a la autoridad nazi, parece ser que la madre de Herta, con un marido en la guerra y seis hijos de los que ocuparse —uno de ellos una pequeña niña con una deficiencia mental severa— había alcanzado una desesperación tal que la posibilidad de que se la aliviara de una carga como ésta era algo parecido a un alivio, por mucho que ello supusiera, a consciencia, poner a su hija en manos de la muerte. En una sociedad penetrada por el desprecio hacia la «vida sin valor», el estigma social de la deficiencia mental debió ser muy agudo, y el miedo al ridículo es, ciertamente, el argumento principal en el documento que recoge las angustias de la madre de Herta. De la denominación de Herta como *gottgläubig* —"teísta"— se puede inferir que la familia había abandonado la Iglesia católica bajo la influencia de la oposición de los nazis hacia la religión organizada, una práctica que solían seguir sólo los que pertenecían a una minoría radical de simpatizantes nazis.[204] A esto tenemos que añadir la falta de apoyo institucional, ya que cada vez se desmantelaban más hogares para niños discapacitados o se convertían en instituciones destinadas a los niños «sanos» y «válidos».

Lo que nos interesa a nosotros, sin embargo, es saber qué sucedió entre la madre de Herta y Asperger antes de que este último decidiera transferir a la niña a Spiegelgrund. ¿Hablaron abiertamente de la posibilidad de la «eutanasia»? Si así fue, ¿acudió la madre a la consulta de Asperger con la decisión ya tomada, o fue él quien se la ofreció como una «solución»? ¿O quizás decidió Asperger con total independencia lo que consideró mejor, basándose en la información aportada por la madre? Los documentos de que disponemos no nos permiten saberlo con certeza. Nos las tenemos que arreglar con esa breve nota de Asperger sobre Herta que hemos citado, donde propone un «ingreso permanente» en Spiegelgrund, y se trate o no de un eufemismo consciente para hablar del asesinato de una niña de tres años, lo que queda claro es que no esperaba que Herta volviera con su familia.

Este caso es revelador, también en relación con el credo terapéutico de Asperger. Como hemos expuesto con anterioridad, este médico reclamó en diferentes ocasiones que se diera a las personas con anomalías mentales los mejores cuidados, con el fin de desarrollar su potencial todo lo que fuera posible. Sin embargo, nunca habló explícitamente que sepamos de lo que debería ocurrir en aquellos casos sin esperanza de mejoría. Los niños a los que se refería Asperger eran los que prometían aportar algún beneficio futuro a la sociedad, según el estilo utilitarista del nacionalsocialismo. No debemos confundirlos con el grupo etiquetado *bildungsunfähig* —ineducables—, destinado al asesinato en el programa de «eutanasia» infantil. En el caso de Herta Schreiber, Asperger no esperaba ninguna mejoría futura, por lo que dedicarle mayores esfuerzos hubiera sido inútil. Su diagnóstico —aunque con el interrogante que rodeaba la causa de la enfermedad— fue «estatus postencefalítico». En 1944, Asperger publicó un artículo sobre este tema, en el que escribió: «Todo el trabajo que llevamos a cabo en nuestro servicio es impulsado por un fuerte optimismo pedagógico. Pero en el caso de estas personalidades postencefalíticas [...], hasta nosotros debemos decir que en la mayoría de los casos hay que capitular».[205] El envío de Herta Schreiber al Spiegelgrund parece ser una capitulación de esta clase.

Cabe notar que dentro de la filmografía nazi, los trastornos postencefalíticos sirvieron para propagar la idea del «último recurso»: el tristemente célebre filme de propaganda sobre la «eutanasia», *Ich klage an* (yo acuso), alude en una de sus escenas al caso de una niña con daño cerebral inducido por encefalitis para justificar el asesinato de niños mentalmente discapacitados.

Quizás no sea ninguna coincidencia que otra niña que fue recomendada por Asperger para que fuera transferida a la institución de exterminio Spiegelgrund sufriera síntomas similares, atribuidos también a una infección anterior. De acuerdo con la evaluación de Asperger, el caso de la niña de cinco años llamada Elisabeth Schreiber —que, a pesar de compartir apellido, no tenía relación aparente con Herta— coincide también en otras similitudes:

> Imbecilidad irritativa, probablemente sobre una base postencefalítica. Salivación, afectos «encefalíticos», negativismo, déficit de lenguaje considerable (está empezando a hablar ahora lentamente), con una comprensión relativamente mejor. En la familia, la niña es sin duda una carga difícilmente soportable, especialmente en las condiciones de hacinamiento en que viven y debido a sus agresiones que ponen en peli-

gro a sus hermanos menores. Por tanto, es comprensible que la madre presione para que sea institucionalizada. La mejor posibilidad sería Spiegelgrund.[206]

Una vez más, de acuerdo con las notas de Asperger, parece que la madre de Elisabeth también era incapaz de ocuparse de ella o era renuente a hacerlo, pero no se hacía ninguna referencia explícita a la posibilidad de que muriera. Lo que se puede decir con cierto grado de seguridad es que la madre pedía atención institucional para su hija y que Asperger recomendó que fuera transferida a la clínica de «eutanasia». Sin embargo, Elisabeth no fue inmediatamente transferida a Spiegelgrund, probablemente porque no había una cama disponible para ella. En lugar de ello, fue enviada a otra institución para niños con trastornos mentales, donde permaneció unos pocos meses hasta que en marzo de 1942 fue transferida a Spiegelgrund. Una de las enfermeras escribió que era amigable y afectuosa, pero que sólo decía una palabra: «mamá». Murió de neumonía —como Herta y tantos otros desafortunados niños en Spiegelgrund— el 30 de septiembre de 1942, poco después de su sexto aniversario.[207]

Podemos plantearnos la pregunta de si Asperger sabía que Elisabeth prácticamente no tendría ninguna posibilidad de sobrevivir en Spiegelgrund. ¿Era consciente de que la estaba enviando a la muerte? ¿Es posible que empleara la expresión «ingreso permanente» sólo en su sentido literal? ¿O debemos considerarlo un eufemismo que significaba asesinato, comparable a «tratamiento especial», «solución final» o, de un modo menos oblicuo, «eutanasia»? Es significativo que el extermino de los enfermos mentales nunca se llegara a mencionar expresamente en los documentos escritos, al menos nunca fuera de los círculos más reducidos de los iniciados nazis. Por ejemplo, la «autorización» por parte de Hitler que dio cobertura al exterminio de 70.000 personas en las cámaras de gas de la Aktion T4 (como en Hartheim) sólo mencionaba la intención de proporcionar «una muerte compasiva» en casos individuales cuidadosamente seleccionados.[208] En los documentos que no estaban protegidos como secretos de Estado hubiera sido una grave infracción mencionar siquiera la posibilidad de asesinar a los pacientes. La expresión de Asperger, usada en referencia a una institución que era a todas luces un dispositivo para matar a pacientes, difícilmente se hubiera podido entender de otro modo que como recomendación para aplicar la «eutanasia» a la niña... siempre y cuando él supiera lo que allí ocurría.

Aunque los asesinatos por «eutanasia» en Spiegelgrund —y en cualquier otro lugar— eran oficialmente un secreto y se engañaba a los padres de forma rutinaria acerca de la verdadera naturaleza de la institución y del destino que esperaba a sus hijos, ciertamente, los rumores abundaban, y Asperger se encontraba en una posición excepcional para conocer la verdad. Tras su arresto en 1945, Ernst Illing (1904-1946), el sucesor de Jekelius como director de Spiegelgrund, hizo la siguiente declaración:

Quiero señalar que mi clínica [Spiegelgrund] siempre estaba repleta, porque otras clínicas [...], incluyendo la Clínica Pediátrica Universitaria, transferían —o querían transferir— los casos sin esperanza, evidentemente porque creían que en mi clínica era posible la eutanasia debido a la mencionada circular, mientras que ellos no estaban autorizados a practicarla. Estoy absolutamente convencido de que los directores de las instituciones referidas estaban al corriente de la eutanasia y de las circulares en cuestión.[209]

Illing tenía muchas razones para rebajar su propia responsabilidad, pero su declaración es altamente verosímil y hay más pruebas de los estrechos vínculos entre Spiegelgrund y la Clínica Universitaria dentro de la cual estaba el Servicio Pedagógico Curativo de Asperger. Como hemos mencionado anteriormente, Jekelius, director y fundador de Spiegelgrund, se había formado con Hamburger y Asperger; Jekelius y Asperger eran colegas en la Oficina de Salud Pública de Viena. Estos tres hombres desempeñaron un papel fundamental en el establecimiento de la Asociación Vienesa para la Pedagogía Curativa en 1941, dentro de un intento más amplio de mejorar la posición de la pedagogía curativa en el Tercer Reich como disciplina médica que estaba conforme a la higiene racial.[210] En la línea de lo planteado en el testimonio de Illing, los niños eran enviados rutinariamente desde la clínica pediátrica a Spiegelgrund.[211] Algunos de estos desdichados pacientes fueron sometidos a experimentos con la vacuna de la tuberculosis por un colega de Asperger, Elmar

Türk. Tras los experimentos, los niños se enviaron a Spiegelgrund, donde fueron asesinados de tal manera que los resultados de la vacuna pudieran ser comparados con los resultados patológicos. Qué duda cabe que el personal de la clínica pediátrica no sólo conocía lo que ocurría en Spiegelgrund, sino que explotaba las oportunidades de investigación que proporcionaban estos asesinatos de menores enfermos.[212]

Lo que es más, el conocimiento de que se producían asesinatos masivos bajo el eufemismo de «eutanasia» no estaba limitado a un círculo reducido, era un hecho ampliamente conocido entre la población vienesa. Durante la campaña de asesinatos conocida como Aktion T4, en 1940, los familiares de los pacientes llevaron a cabo protestas públicas ante el hospital psiquiátrico Steinhof en Viena. No pudieron impedir que aproximadamente 3.200 pacientes de este hospital fueran transferidos a la cámara de gas de Hartheim, pero con sus actos de protesta dieron muestras de una gran valentía frente a la campaña de asesinatos del régimen.[213] Los rumores estaban tan extendidos, que la edición vienesa del *Völkischer Beobachter* —el diario del partido nazi— se vio obligada a negar los crímenes. El artículo mencionaba inyecciones letales e incluso cámaras de gas, hecho que muestra lo específico que era el conocimiento por parte del público vienés de las atrocidades que se cometían contra sus conciudadanos.[214] Disponemos, por ejemplo, del desolador testimonio de una madre, Anny Wödl, una enfermera vienesa a quien no le cabía ninguna duda de que la transferencia de su hijo Alfred a Spiegelgrund, impuesto en febrero 1941 a pesar de su resuelta oposición, iba a significar su muerte.[215] Era tal la difusión a escondidas de los crímenes de Spiegelgrund que llegaron a ser conocidos también en el extranjero: en otoño de 1941, la Royal Air Force (RAF) arrojó octavillas desde el cielo donde se mencionaba tanto al hospital Steinhof como el nombre de Jekelius en conexión con el asesinato sistemático de pacientes.[216]

A la luz de estas pruebas, es evidente que no resulta plausible que Asperger —colega durante mucho tiempo de Jekelius, además de importante protagonista, y con muy buenas conexiones, en su campo de trabajo— desconociera las actividades homicidas que tenían lugar en Spiegelgrund. En sus reflexiones sobre el período nazi durante la entrevista para la radio de 1974, Asperger no habló directamente del programa de «eutanasia», pero aseguró que desde el comienzo se había negado a aceptar el concepto que los nazis tenían de «vida sin valor» o a participar en medidas de higiene racial, con lo que estaba aceptando implícitamente que estaba al corriente de estas ramificaciones nacionalsocialistas.[217]

En los casos de las pacientes Herta y Elisabeth, ¿había alternativas en aquella época a su transferencia a Spiegelgrund? ¿Podría Asperger haber salvado sus vidas? En aquellas circunstancias y teniendo en cuenta la falta de apoyo por parte de los padres, asegurar su supervivencia a largo plazo hubiera sido sin duda difícil. Todavía existían instituciones para niños con discapacidades severas —tanto públicas como religiosas—, pero estaban sometidas a una gran presión para que entregaran a aquellos de sus pacientes considerados por el régimen «sin valor». Aun así, Asperger no tenía ninguna obligación de enviar a los niños directamente a una instalación donde iban a ser aniquilados, por mucho que sufrieran de discapacidades severas. Sin correr él mismo ningún riesgo, hubiera podido transferir a estas niñas a otro lugar, tal como hizo en cierto número de otros casos comparables.

De entre los niños que murieron en Spiegelgrund, hemos encontrado al menos otros cuatro, aparte de Herta y Elisabeth, que habían sido previamente examinados por Asperger, y a dos de ellos cuando el dispositivo de «eutanasia» de Spiegelgrund ya estaba en funcionamiento. Sus trastornos eran tan graves, que al final acabaron cayendo en las redes del sistema de «eutanasia», aunque inicialmente Asperger los había transferido a otras instituciones.[218] ¿Por qué envió a Herta y a Elisabeth a Spiegelgrund, pero no a Richard y a Ulrike? El informe diagnóstico de Asperger sobre Richard —que fue diagnosticado como «mongólico»— no se incluye entre los documentos supervivientes; el expediente de Ulrike contiene un informe donde Asperger la describía como «retrasada mental extrema, severamente autística» y como «una pesada carga» en su casa. A lo largo de un año, Asperger había observado el proceso de «deterioro cerebral» de la niña que le llevó a recomendar para ella un hogar de niños mentalmente discapacitados.[219] No hay pruebas suficientes que permitan determinar con seguridad por qué tomó una u otra decisión, aunque en el caso de Herta, y menos claramente en el de Elisabeth, la actitud de los padres puede haber desempeñado un papel. Los datos de estos dos casos sugieren que al menos en aquellas circunstancias en que se encontraban esas niñas y sus familias, Asperger aceptó el asesinato de niños discapacitados como último recurso. Debemos tener esto presente cuando valoremos el papel de Asperger en una oleada de transferencias hacia Spiegelgrund que resultaron en la muerte de un número considerable de niños.

En diciembre de 1941, las autoridades de Niederdonau, la provincia alrededor de Viena, advirtieron que numerosos niños del servicio infantil del hospital psiquiátrico Gugging —en el que cientos de pacientes fueron asesinados por médicos y enfermeras durante la guerra—[220] no acudían a la escuela a pesar de no haber sido excusados de hacerlo. En consecuencia, se convino que un comité de expertos evaluara a los niños en lo referente a su «educabilidad». Los niños evaluados como «no educables, ni en una escuela especial ni en una institución psiquiátrica» debían ser «entregados a la operación del Dr. Jekelius lo antes posible».[221] Esta forma sesgada de plantearlo implica que los receptores del documento sabían quién era el Dr. Jekelius y lo que pasaría con esos niños: los que fueran considerados «ineducables» por el comité serían asesinados.

Debido a jurisdicciones que se superponían —el hospital Gugging estaba en territorio vienés y era propiedad de la ciudad, pero estaba cedido a la administración de Niederdonau—, el comité consistía en siete miembros de las dos provincias. Se le pidió a Asperger que se integrara en este comité, a modo de asesor médico del sistema de escuelas especiales de Viena. Él era el único experto en *Heilpädagogik* del comité y el único clínico con credenciales científicas; el único otro médico que participaba en las reuniones era el director de la institución mental Gugging, el psiquiatra Josef Schicker (1879-1949).

Después de que 106 niños hubieran sido transferidos entre los meses de marzo y mayo de 1941 al centro de Hartheim (para darles muerte), quedaban 220 pacientes en el servicio. En el informe de la comisión, fechado el 16 de febrero de 1942, todos los niños en edad escolar fueron clasificados según varias categorías, con 35 de ellos (9 niñas y 26 niños) etiquetados como «ineducables» e «inempleables», palabras clave para «eutanasia». El informe no incluye sus nombres, lo cual hace imposible establecer con seguridad qué ocurrió con cada uno de ellos individualmente. En todo caso, hay datos sobre una serie de transferencias posteriores, de Gugging a Spiegelgrund, con consecuencias fatales para los pequeños.[222]

El 20 de mayo de 1942, tres meses después de que la comisión se reuniera en Gugging, nueve chicos fueron transferidos a Spiegelgrund: todos ellos iban a morir en el plazo de pocos meses. Al final de aquel año, otros 20 niños (9 niñas y 11 varones) siguieron su mismo camino y encontraron el mismo destino. Durante 1943, 12 niños (8 varones y 4 niñas) fueron llevados a Spiegelgrund y ninguno de ellos sobrevivió.[223] El porcentaje de muertes del 100% nos indica que estos niños fueron mandados allí para ser asesinados. El tiempo transcurrido entre la visita de la comisión de «expertos» y algunas de las transferencias se debe, verosímilmente, a que Spiegelgrund se quedaba a menudo sin espacio para más niños; aunque es posible que en algunos casos se necesitara más observación para tomar una decisión.

La comisión se basaba en sugerencias recopiladas por Schicker, pero se examinaba individualmente a los niños y se tomaba una decisión en cada caso. De un grupo de 50 niños que el director consideró inadecuados para la escuela, pero que quería que permanecieran en Gugging, el comité encontró que 18 de ellos merecían mayores esfuerzos educativos. Sin embargo, por lo que respecta a los niños que Schicker incluyó en la categoría más baja, la comisión confirmó su veredicto en todos los casos:

> Los niños en edad escolar que son ineducables, incapaces de cualquier desarrollo u ocupación [*nicht bildungs- und entwicklungs- bzw. beschäftigungsfähig*] fueron examinados y se determinó que en ninguno de estos casos se podía esperar resultados educativos dignos de mención.[224]

Al cambiar el diagnóstico de los 18 niños merecedores de más esfuerzo educativo, la comisión mejoró sus oportunidades para que se les enviara a una escuela especial en vez de permanecer en el hospital psiquiátrico, lo cual significa que se enfrentaban a un menor riesgo de ser seleccionados para morir. Aun así, 20 niños de ese grupo de 50 murieron como víctimas de la «eutanasia» practicada en Spiegelgrund, además de esos 35 niños que ya se habían clasificado previamente como sin esperanza y estaban destinados a morir y se confirmó su veredicto en la comisión en la que participaba Asperger. En total, 59 de 158 niños evaluados por la comisión murieron en Spiegelgrund antes del final de la guerra, un estremecedor porcentaje de muertes del 37,3%.[225]

¿La comisión se encontraba en una posición que le permitiera salvar al menos a algunos de los niños, de haber querido hacerlo? Debido a las pocas fuentes de que disponemos, no podemos responder esta importante pregunta de forma conclusiva. Lo que podemos afirmar, sin embargo, es que, al menos en algunos casos, las familias de estos niños querían llevárselos a casa y las autoridades no les permitieron hacerlo. Bastará con dos ejemplos para dejar patente esta atrocidad: Engelbert Deimbacher era un paciente del servicio infantil cuando la comisión visitó el hospital, era sordomudo desde su nacimiento, en 1929. En su expediente se menciona que padecía de hidrocefalia y una discapacidad mental severa. Aunque no podía asistir a la escuela, había cierta esperanza de que pudiera mejorar sus habilidades físicas para llevar a cabo tareas simples; se le describía como vivaz y sociable. Lo triste del caso es que el expediente de Engelbert contiene tres cartas de su padre en las que pedía que permitieran que su hijo volviera a su lado, la última de las cuales se recibió el 15 de febrero de 1942, tres días antes de la visita de la comisión. Las solicitudes del padre de Engelbert fueron denegadas las tres veces, la última con el pretexto de que se necesitaban más exámenes para evaluarlo. El 20 de mayo de 1942,

Engelbert fue transferido a Spiegelgrund, donde murió el 8 de noviembre.[226] En otro caso, el de Georgina Schwab, nacida en 1934, fue su abuela quien pidió repetidamente que la dejaran en libertad y de nuevo inútilmente.[227] Los archivos contienen muchos casos similares, con lo que es evidente que estos niños no eran rechazados por sus familias ni carecían de su amor.[228]

En este caso de los niños de Gugging, parece que Asperger funcionó como un buen engranaje de una máquina mortífera. Aunque la responsabilidad última de la muerte de estos niños recayera en Schicker —porque era el director de Gugging, que firmó todas las transferencias— y en el personal de Spiegelgrund, el episodio revela que las autoridades confiaban en Asperger para actuar como experto en la selección de los niños que debían ser eliminados.

Los diagnósticos de Asperger comparados con los de Spiegelgrund

En sus publicaciones, Asperger proyectó una imagen de sí mismo como médico benevolente, optimista y afectuoso con los niños que tenía a su cuidado. Ésta es precisamente la imagen que queremos poner a prueba con nuestra investigación, puesto que es la caracterización que se ha ido reproduciendo sin tener suficiente base para ello en la literatura biográfica sobre este médico. Mientras que hay pocas razones para dudar de su pasión por el trabajo y de que se preocupaba sinceramente por muchos de sus pacientes, en el contexto de esta investigación sobre sus vínculos nacionalsocialistas debemos preguntarnos si esta actitud positiva se extendía a los niños sobre los que no se podía albergar grandes esperanzas de mejoría en el futuro o que desafiaban los intentos de educarlos o disciplinarlos. Si nos basáramos en el relato promovido por el propio Asperger sobre sí mismo y por otros que creyeron a pies juntillas sus aseveraciones, deberíamos encontrar diferencias considerables en los informes sobre niños con trastornos graves entre el médico autoproclamado compasivo y los redactados por sus colegas de la clínica para la «eutanasia» Spiegelgrund, comprometidos con la idea de que había «vidas sin valor» que debían ser excluidas del cuerpo político, es decir, exterminadas. Para descubrirlo, comparamos a continuación los diagnósticos de uno y otros.

Los expedientes de 46 niños que fueron examinados tanto por Asperger en su servicio de pedagogía curativa como en Spiegelgrund nos permiten elucidar si los informes de Asperger efectivamente eran más positivos, optimistas y benévolos. De estos 46 niños, 6 murieron en la clínica de «eutanasia» —los casos de aquellos 6 niños, como Herta y Elisabeth Schreiber, los hemos comentado en el capítulo anterior. El análisis que presentamos a continuación se centra en los otros 40 niños —12 niñas, 28 niños—, que sobrevivieron a su estancia en Spiegelgrund y luego fueron transferidos a otras instituciones o dados de alta.[229] En 10 de estos casos, Asperger propuso explícitamente que los niños fueran transferidos a Spiegelgrund, y en 4 casos recomendó una «institución orientada por la pedagogía curativa», lo cual apunta, también, a Spiegelgrund, pues era la única institución en el área que al menos durante un tiempo, en 1942, incluyó el término *Heilpädagogik* en su denominación.[230] Aunque otras instituciones, especialmente, la Administración de los Servicios Sociales Juveniles, también estuvieron implicadas en determinar lo que ocurriría con esos niños, Asperger era en aquellos momentos el experto más destacado en ese campo y sus informes diagnósticos y recomendaciones eran a menudo decisivos.

A diferencia de cómo ocurrió con Herta y Elisabeth, en esos 14 casos de los que tratamos no hay indicaciones de que Asperger esperara que los niños que recomendó transferir explícita o indirectamente a Spiegelgrund fueran asesinados allí. Aunque Spiegelgrund se estableció para implementar el programa de «eutanasia» infantil, también conducía observaciones prolongadas de niños con trastornos de desarrollo y otras dificultades, alojaba a niños con discapacidades menos graves y servía también como instalación disciplinaria para niños que habían terminado dentro de los Servicios Sociales Juveniles.[231] Los trastornos de estos 14 niños no parecen haber sido tan severos como para destinarlos al exterminio, aunque el solo hecho de enviarlos a Spiegelgrund hacía que corrieran un riesgo considerable. De acuerdo con los testimonios de supervivientes de esa institución, se sometía de manera rutinaria a los niños a distintos tipos de violencias, entre otras, a formas medicalizadas de tortura, y los de mayor edad entre ellos vivían con el terror constante de ser asesinados.[232]

Entre esos 40 supervivientes de Spiegelgrund que fueron previamente examinados por Asperger, se incluyen 30 cuyos historiales médicos contienen la suficiente documentación como para permitir una comparación entre las evaluaciones de Asperger y las de sus colegas nazis que estaban directamente implicados en el asesinato de niños discapacitados (entre los casos excluidos de la comparación directa debido a una insuficiente documentación, se encuentra el de Friederich K., que entraba en el perfil de la «psicopatía autística»).[233] ¿Encontramos alguna prueba en estos archivos de que Asperger intentara dar un retrato positivo de los niños para minimizar el riesgo al que se enfrentaban a causa de las políticas de higiene racial nazis? Ciertamente, la comparación directa crea algunos problemas de método: los informes varían en longitud y profundidad, no se ajustaban a un estándar diagnóstico común y a veces las fechas entre una evaluación y otra son muy distantes, de modo que los trastornos de los niños podían haber evolucionado a mejor o a peor. A pesar de estas limitaciones, esos documentos presentan una oportunidad única para poder evaluar el estilo diagnóstico de Asperger dentro del contexto institucional y metodológico de ese momento. Spiegelgrund, que se instituyó no sólo como centro para la «eutanasia» infantil, sino también para ocuparse de niños «difíciles» o «asociales», encarna la implementación institucional de la higiene racial dentro de la pediatría, la psiquiatría juvenil y los servicios sociales juveniles. El personal directivo de Spiegelgrund —que eran los autores o firmantes de los informes médicos que analizamos aquí— eran nazis e higienistas raciales comprometidos. De manera que, contra este telón de fondo, cualquier desviación sistemática en los informes previos de Asperger en la que éste hubiera mostrado tener en favor a sus pacientes se hubiera percibido rápidamente. Sin embargo, de estos 30 casos sólo hay dos en los que Asperger parece juzgar a los niños menos duramente que sus colegas de Spiegelgrund. En 16 casos, poco más de la mitad, Asperger y los médicos de Spiegelgrund llegan a conclusiones semejantes. Y en los otros 12 casos, Asperger adopta con sus pacientes un punto de vista más negativo, y hasta llega, en algunos casos, a denigrar a sus pacientes.

Entremos ahora al análisis de algunos de estos casos clínicos. El paciente Gerald St. fue descrito, entre otras etiquetas, como «autístico» —el segundo que presentaba este diagnóstico junto al antes mencionado Friedrich K.—. Asperger lo vió en julio de 1941, cuando tenía 28 meses de edad. Lo diagnosticó como «mentalmente retrasado» y «con una personalidad perturbada», refiriéndose más específicamente a una «limitación del contacto personal, impulsos abruptos, afectos inadecuados y exagerados, y movimientos estereotipados». Consideró al niño como «una carga insoportable» en el contexto de una «comunidad normal de niños» y, en consecuencia, recomendó atención privada o su transferencia a Spiegelgrund.[234] Ocho meses después, Gerald fue ingresado en Spiegelgrund, tras pasar por otras dos instituciones. La primera evaluación psicológica en Spiegelgrund llegó a conclusiones similares: «intelectualmente retrasado, especialmente en el ámbito del lenguaje», «impulsividad» y «tendencia a los berrinches». «Resulta muy difícil establecer contacto, el niño se limita a hablar espontáneamente y de un modo autístico». El diagnóstico general fue «neuropatía».[235] Un año más tarde, Heinrich Gross (1915-2005), uno de los más notorios perpetradores del programa de «eutanasia» en Austria, hizo una evaluación mucho más optimista del niño y recomendó que Gerald fuera dado de alta y entregado al cuidado a sus abuelos; observó que, aunque aún había un retraso en el desarrollo global, sus habilidades mentales habían mejorado. Ahora Gross describía a Gerald como emocionalmente receptivo, alegre y excitable.[236] Comparada con la evaluación positiva de un asesino nazi probado, en el caso de este paciente, el reputado «optimismo pedagógico» de Asperger suena falso frente a la vista de lo que en verdad escribió en el expediente del niño.

Pasemos a analizar un segundo caso revelador. Mientras que Asperger y los médicos responsables en Spiegelgrund habían descrito inicialmente en términos muy similares a Gerald, por el contrario, el ejemplo de Leo A. se enmarca dentro de los 12 casos de nuestra muestra de supervivientes en los que Asperger se revela más duro que sus colegas nazis. Nacido en abril de 1936, hijo de madre soltera, Leo fue puesto en régimen de acogida inmediatamente después de su nacimiento y a los cuatro años era un niño inteligente, aunque difícil. Tenía ataques de rabia y se le acusaba de ser cruel con los animales. En noviembre de 1940 fue enviado al servicio de Asperger para ser sometido a observación y finalmente diagnosticado. En su evaluación, Asperger calificó a Leo como «un niño psicopático muy difícil, de una clase infrecuente en niños pequeños». Aunque estaba «en algunos aspectos intelectualmente por encima de su edad», Asperger señaló su «gran impulsividad» y sus «actos maliciosos que lleva a cabo con gran habilidad». La recomendación de Asperger para este pequeño paciente contiene una expresión que usaba a menudo para caracterizar su ideal de educación: lo que el niño necesitaba era «una orientación muy estricta» (*sehr überlegene Führung*) que sólo era capaz de aportar una institución que siguiera los principios de la *Heilpädagogik* (como Spiegelgrund).[237] Mandaron a Leo a Spiegelgrund cuatro meses más tarde, tras una estancia con su tía. Tras cuatro meses de observación, Erwin Jekelius y Heinrich Gross, ambos nazis e higienistas raciales convencidos, firmaron sus propias evaluaciones. Según ellos, Leo estaba «muy bien desarrollado en todos los aspectos» y era «muy inteligente». Se manifestó como un niño muy solitario e introvertido en compañía de otros niños, y se irritaba fácilmente, pero no causaba dificultades. Aunque no era muy colaborador con los demás chicos, no se habían observado signos de falta de empatía (*Gemütsarmut*). La recomendación de Jekelius y Gross fue que el niño fuera devuelto a sus padres, ya que consideraron que las dificultades que habían llevado a su hospitalización habían sido causadas por su entorno en la situación de acogida. El diagnóstico que había emitido Asperger de «psicopatía», que implicaba un trastorno constitucional, potencialmente para toda la vida, fue invalidado por su antiguo colaborador Jekelius.[238]

En éste, como en otros casos, se percibe la tendencia de Asperger a minimizar la influencia de las circunstancias del niño en su desarrollo y en su comportamiento; prima su creencia en la preponderancia etiológica de los factores constitucionales innatos (o, en otros casos, daño orgánico cerebral) que lo llevó a emitir veredictos negativos sobre sus pacientes, que fácilmente se podían convertir en profecías autocumplidas para estos niños.

El informe de Asperger sobre otro niño de cuatro años de edad, Karl E. —como en el caso de Leo, también en régimen de acogida—, es igualmente duro, ciego a las circunstancias del niño y exento de cualquier desviación positiva si lo comparamos con los diagnósticos hechos en Spiegelgrund. Asperger caracterizó a Karl como un «niño psicopático que causa dificultades pedagógicas considerables: marcada irritabilidad [...], una tendencia a reacciones negativas y actos maliciosos, carácter desafiante». Recomendó que fuera transferido a una institución cerrada como única posibilidad viable para el chico, aun admitiendo que tenía potencial gracias a su inteligencia.[239] Tras varios meses en observación mientras estaba en Spiegelgrund, Jekelius concluyó que «en contra de lo establecido por la evaluación en la Clínica Pediátrica, el diagnóstico de psicopatía no ha podido confirmarse». El comportamiento del niño no estaba fuera de la normalidad: era «muy inteligente» y «resolvía con facilidad» las preguntas y los puzles propuestos por el psicólogo.[240]

Otro caso más, el de Johann K., esta vez un adolescente de 16 años, ilustra la tendencia de Asperger a minimizar la importancia de las circunstancias del niño, incluso en las condiciones más adversas de maltrato y abuso, y a explicar las dificultades que puede haber experimentado (o causado a los cuidadores) recurriendo a supuestas deficiencias constitucionales. Asperger calificó a Johann como «semiimbécil», aunque admitía que los logros del chico en la escuela no eran malos teniendo en cuenta que había perdido años de escolaridad a causa de una tuberculosis ósea. Asperger vio el principal problema en su «severa irritabilidad y una falta de inhibición en todos los aspectos (agresiones graves, sobreexcitabilidad sexual, prodigalidad, pereza)». Siempre que se le sometiera a una «orientación muy estricta e inexorable», Asperger creía posible que Johann pudiera ser usado para trabajos no cualificados. En su opinión, si se le dejaba con sus padres o abuelos, el niño sería «un peligro para su entorno», ya que sin lugar a duda acabaría «completamente desatendido». Recomendó retirar al niño de su familia y remitirlo a una institución cerrada.[241] Por razones desconocidas, no se mandó a Johann a la institución que Asperger recomendaba, sino a Spiegelgrund. Ernst Illing, el sucesor de Jekelius, coincidió con Asperger en que el desarrollo intelectual del chico sufría cierto retraso; a diferencia de él, sin embargo, indicó una supuesta «carga hereditaria» basada en la conducta moral de su madre y planteó la posibilidad de la esterilización.

No obstante, la evaluación de Illing sobre el carácter de Johann resultaba más optimista y comprensible que la de Asperger: en su opinión, el principal problema había sido la falta de «estímulo pedagógico» pues, a pesar de su infancia difícil, el chico no presentaba «anormalidades graves» aparte de la mencionada falta de iniciativa que Illing atribuía a sus estancias prolongadas en el hospital. El responsable de Spiegelgrund no veía necesidad de que recibiera atención institucionalizada y recomendó que se trasladara al chico a una familia de acogida en uno de los «suburbios rurales de Viena».[242]

Queremos aportar un último ejemplo de la tendencia de Asperger a minimizar las consecuencias de la falta de atención o de los abusos que hubieran padecido los niños que fueron sus pacientes. Esta tendencia queda patente en sus comentarios sobre dos hermanas de siete y cinco años, respectivamente, a quienes examinó en febrero de 1941 porque su madre tenía dificultades con ellas. Asperger escribió con frialdad y desapego sobre las hermanas, pero en especial sobre Charlotte —la pequeña— que «era más severamente degenerativa que su hermana», «con un claro retraso intelectual», y estaba «siempre dispuesta a cometer importantes fechorías». A su modo de ver, la madre, a quien caracterizaba como «no muy inteligente y algo bizarra mentalmente», no era capaz de lidiar con las dos niñas, por lo que era necesario ingresarlas inmediatamente en una institución cerrada.[243] La conclusión a la que Illing llegó sobre Charlotte, sin embargo, ponía atención en la biografía de la paciente, destacaba que la niña había pasado los primeros años de su vida en instituciones y en familias de acogida y que su madre había sido severamente negligente con ella cuando se hizo cargo de su custodia. Donde Asperger había visto signos de «degeneración» orgánica, Illing sencillamente atribuyó las dificultades de Charlotte y su ligero «retraso mental» a la negligencia de la que había sido objeto, aunque también indicó posibles deficiencias hereditarias en la familia.[244]

Hasta aquí los casos en los que Asperger juzgó más negativamente a los pacientes que los médicos nazis de Spiegelgrund. Como hemos mencionado, de los 30 pacientes que sobrevivieron a su internamiento en Spiegelgrund y de los que poseemos suficiente documentación, sólo hay dos en los que Asperger parece haber adoptado una posición más positiva que sus colegas de Spiegelgrund, los veremos a continuación.

En noviembre de 1938, Asperger visitó a Johann T., de seis años de edad, a quien describió como «irritable, niño débil mental que no reconoce ningún peligro; si no está bajo constante supervisión y debido a su inquietud motriz se pone en peligro a sí mismo y su entorno». Asperger recomendó institucionalizarlo en el reformatorio de Biedermannsdorf, cerca de Viena —Spiegelgrund todavía no estaba en funcionamiento—.[245] En Biedermannsdorf, como en otras instituciones similares, se sometía de manera rutinaria a los niños a distintos tipos de violencia: emocional, física y sexual, cometida por sus iguales y por el equipo profesional.[246] No resulta, pues, en absoluto sorprendente que Johann no hiciera muchos progresos a lo largo de esos años en que estuvo en un lugar parecido. En mayo de 1941, Jekelius diagnosticó al niño como «ineducable» y como «imbécil» y pidió que fuera transferido a Spiegelgrund. A pesar de este peligroso diagnóstico, Johann sobrevivió a la clínica de «eutanasia», aunque su destino posterior se desconoce.[247] El diagnóstico hecho por Asperger en este caso parece haber sido ligeramente más indulgente y optimista, pero de esta diferencia de apreciación no podemos sacar grandes conclusiones: es posible que el estado de Johann se deteriorara en los 30 meses que transcurrieron entre ambos diagnósticos, especialmente a la luz de las condiciones adversas a la que estaba siendo sometido en Biedermannsdorf.

El segundo caso en el que Asperger se muestra más humanitario tampoco es concluyente. En octubre de 1941 Asperger vio a Hildegard P., de 16 años, porque el estilo de vida promiscua de la chica había despertado las sospechas de las autoridades. A pesar de describirla en términos nada halagadores («no tiene muchas inhibiciones en lo que se refiere a lo sexual»), recomendó dejar a Hildegard con su madre, aunque bajo una estrecha vigilancia de la Organización Nacionalsocialista para el Bienestar Social del Pueblo (NSV).[248] Siete semanas más tarde, Jekelius decidió institucionalizar a Hildegard basándose en su supuesta «depravación sexual». Aunque hay muchos ejemplos en los que Asperger no tuvo ningún reparo en confinar a chicas en instituciones cerradas con argumentos similares, en este caso se mostró más benévolo. Para Hildegard, una valoración u otra significaba la diferencia entre la libertad y estar recluida en un reformatorio donde la esperarían abusos de todo tipo.[249]

Los casos que hemos analizado aquí demuestran que Asperger no se privó de asignar diagnósticos como «debilidad mental» a sus pacientes, aun cuando un diagnóstico de este tipo suponía un gran peligro para los niños con problemas conductuales o familiares en el contexto de un sistema de asistencia social juvenil dominado por una ideología que tendía a eliminar a los miembros más débiles de la sociedad. En un aspecto, sin embargo, Asperger sí mostró cierta contención: mientras que el equipo de Spiegelgrund incluía de forma rutinaria información sobre las «cualidades hereditarias» del paciente y su familia, mencionando a veces la posibilidad de una esterilización forzosa, Asperger evitaba generalmente tales referencias.

Nuestra valoración de estos casos de supervivientes no nos proporciona pruebas de que Asperger fuera más benevolente con sus pacientes que sus colegas nazis de Spiegelgrund al etiquetar a niños con diagnósticos que podían tener un impacto enorme sobre su futuro, sino más bien lo contrario. Como muchos de sus colegas, Asperger tenía una marcada tendencia a separar a los niños de sus familias —que a menudo consideraba disfuncionales— y a confinarlos en instituciones cerradas. Por cierto, es muy probable que muchos de estos niños estuvieran expuestos a negligencias y violencia doméstica en su entorno habitual, con lo que, en principio, una educación institucional hubiera podido significar que se ponían medios estatales a su disposición para protegerlos. Pero muy a menudo parece que Asperger prefería el entorno pedagógico de una institución jerárquica al hogar de los padres a quienes consideraba neuróticos, incapaces o simplemente demasiado «débiles» para ocuparse de sus hijos. En la práctica —y quizás a pesar de sus mejores intenciones— esto significó que a menudo terminaba recluyendo a los niños en instituciones llenas de abusos y violencia.[250]

En 1941, Asperger envió a un chico de 15 años a un «campo educativo de trabajo para jóvenes holgazanes» en Bavaria, porque esperaba que someterlo a una disciplina estricta y a los trabajos forzados aliviaría sus severos síntomas hipocondríacos.[251] Aunque este caso es en algunos aspectos inusual, ilustra cuán autoritario podía llegar a ser el planteamiento de Asperger. Los expedientes médicos de los casos que se conservaron en su clínica están llenos de este tipo de ejemplos, donde se revela hasta qué punto él consideraba que la disciplina estricta y la «orientación estricta» —*überlegene Führung,* expresión característica en sus informes escritos— eran su respuesta a muchos de los trastornos de sus pacientes y de sus cuidadores.[252]

Asperger en los años de posguerra

Éste no es lugar para dar una relación completa de la carrera de Asperger después de la Segunda Guerra Mundial —pues su trayectoria cubrió más de tres décadas— de tal forma que me limitaré a destacar unos cuantos sucesos de su biografía que son relevantes en el contexto de este trabajo.

Poco se sabe de la vida de Asperger durante los dos últimos años de la guerra, que pasó alistado en la Wehrmacht, las fuerzas armadas de la Alemania nazi. Después de 9 meses de entrenamiento y servicio en Viena y en Brno, fue enviado a Croacia en diciembre de 1943 con la 392ª división de infantería, desplegada para «proteger» los territorios ocupados en Yugoslavia y luchar contra los «partisanos».[253] Las tácticas de las fuerzas alemanas contra tropas irregulares en Yugoslavia incluían los asesinatos masivos de civiles que habían sido tomados como rehenes o en represalias que resultaron en decenas de miles de muertes.[254] Asperger mencionaba brevemente sus experiencias bélicas en su entrevista para la radio pública austríaca de 1974:

> [...] Yo estaba en la guerra, desplegado en Croacia en la lucha contra los partisanos... No me hubiera gustado perderme ninguna de estas experiencias. Es bueno que un hombre sepa cómo se comporta en medio de un peligro mortal, cuando las balas silban. También fue un terreno de prueba. Un terreno en el que uno tiene que cuidar de los demás. Además, es un

gran regalo del destino que nunca tuviera que abatir a nadie a tiros.[255]

Terminada la Segunda Guerra Mundial, tras la derrota alemana, Asperger volvió a la Clínica Pediátrica de la Universidad de Viena. El edificio del Servicio Pedagógico Curativo había sufrido severos daños en un bombardeo que además había matado a Viktorine Zak, la ayudante más cercana de Asperger.[256] El 1 de septiembre de 1945, presentó una solicitud para confirmar la *Habilitation* —el título que le acreditaba para dar clases en la universidad— y que había obtenido en 1943, pues las autoridades austríacas habían anulado todos los títulos obtenidos durante el período nazi al producirse la liberación por parte de los Aliados, a la espera de una investigación del pasado político de los candidatos. Como ya se ha mencionado, en 1938 Asperger se había inscrito en la Organización Nacionalsocialista para el Bienestar Social del Pueblo (NSV), el Frente Laboral Alemán (DAF) y en la Liga Alemana Nacionalsocialista de Médicos (NSDÄB).[257] En contraste con las formaciones del partido como las SS o las Juventudes Hitlerianas, el DAF y la NSDÄB eran consideradas «organizaciones afiliadas» al partido nazi, no parte del mismo partido. Esta distinción le permitió a Asperger hacer borrón y cuenta nueva durante la implementación de la desnazificación en Austria, puesto que nunca se había integrado al partido como tal. Logró evitar así, por lo tanto, la interrupción de su carrera profesional que muchos de sus colegas padecieron y conservó su puesto en la dirección del Servicio Pedagógico Curativo.[258] Adicionalmente, desde julio de 1946 hasta mayo de 1949, ejerció como director provisional de la clínica pediátrica. En 1957 se trasladó a Innsbruck, donde estuvo al frente de la clínica pediátrica de la universidad local hasta 1962, cuando se le nombró formalmente para la cátedra de la Clínica Pediátrica de Viena, el cargo más prestigioso dentro de la pediatría austríaca.[259]

En lo que al pasado nazi de Austria se refiere, a juzgar por sus escritos, Asperger reaccionó como muchos de sus contemporáneos y formó parte del muro de silencio que se estableció durante los primeros años posteriores a la guerra. En su discurso de 1977, al despedirse de la clínica de Viena con ocasión de su jubilación, hizo una de sus escasas referencias al período nazi hablando vagamente de la «arrogancia, la *hibris* [y] los terribles sacrilegios» de los alemanes, que habían «conducido inexorablemente a la guerra» y a «terribles sufrimientos». De la misma manera que en la entrevista radiofónica de 1974,[260] describió la guerra según sus experiencias personales y en términos positivos, como una oportunidad para el aprendizaje existencial.[261] Algunos investigadores han sostenido que en 1938 Asperger arriesgó su vida al expresarse contra la amenaza que la ideología de la higiene racial suponía para los niños a su cuidado. Son aseveraciones peculiares, teniendo en cuenta que en 1977, aunque mencionó explícitamente la guerra en un discurso donde resumía su legado intelectual, no se ocupó de mencionar el nacionalsocialismo, ni sus millones de víctimas, ni siquiera los centenares de niños —algunos de ellos pacientes suyos— que habían sido asesinados prácticamente ante su mirada.

Aunque más adelante en su carrera se dedicó a la pediatría en conjunto en el marco de sus responsabilidades universitarias, la *Heilpädagogik* siguió siendo su principal preocupación. Por lo menos en Austria, fue él quien dominó durante décadas este campo, encontrándose sus únicos rivales en los profesionales de una disciplina emergente, la psiquiatría juvenil.[262] A juzgar por sus escritos posteriores a 1945, los dogmas centrales de su pensamiento permanecieron relativamente inalterados: en el plano conceptual, veía como a sus principales oponentes a los representantes del psicoanálisis y de teorías relacionadas, centradas todas ellas en procesos psicológicos dinámicos y en las experiencias de la infancia.[263] En principio, también se distanció del determinismo genético típico de la higiene racial nazi, o al menos lo suficiente como para reclamar un espacio para su propia disciplina y sus posibilidades terapéuticas.[264] Aun así, a pesar de su «optimismo pedagógico» frecuentemente subrayado, creía que sus pacientes eran «una selección de niños con daños constitucionales endógenos».[265] De manera que no debería sorprendernos que se refiera a su trabajo como una lucha heroica y a menudo sin esperanza contra deficiencias constitucionales de toda clase. Un ejemplo típico de este enfoque es un artículo de 1952 sobre la «Psicopatología de los jóvenes criminales», donde habla de tres grupos de niños con defectos constitucionales u orgánicos como sujetos particularmente proclives a cometer crímenes: los del tipo llamado «inestable» (o «desorganizado»), los afectados por un daño cerebral inducido por encefalitis y «los autistas, con instintos alterados, especialmente los dotados de una inteligencia normal o por encima del promedio».[266]

A pesar de su énfasis en la herencia y en la constitución orgánica, habitualmente evitaba hacer referencia explícita a la eugenesia, que debido a su asociación con los crímenes nazis había caído en descrédito dentro del discurso científico establecido, por lo menos en Austria y Alemania. En uno de los pasajes de su libro de texto, criticaba la expresión «vidas sin valor» e insistía en la necesidad de dedicar las mejores escuelas y los mejores profesores a la educación de los mentalmente discapacitados.[267] Sin embargo, en este mismo manual, que en conjunto contenía muy pocas referencias, citaba a Otmar von Verschuer (1896-1969), uno de los principales higienistas raciales de la Alemania nazi, vinculado a Josef Mengele,[268] y a Johannes Lange (1891-1938), quien fue uno de los contribuyentes de la *biblia* nazi sobre la higiene racial,[269] al usar sus investigaciones para dar apoyo a sus propias opiniones sobre la importancia de la herencia.[270] En su manual de pedagogía curativa, Asperger también incluyó el siguiente párrafo sobre los peligros genéticos de la «debilidad mental»:

> Múltiples estudios, sobre todo en Alemania, han mostrado que estas familias procrean en una proporción claramente por encima del promedio, especialmente en las ciudades. Viven sin inhibiciones [...] y se apoyan sin escrúpulos en los

servicios sociales para criar a sus hijos. Está claro que este hecho plantea serios problemas eugenésicos que están lejos de poder solucionarse, especialmente debido a que las políticas eugenésicas del pasado reciente se han vuelto inaceptables desde un punto de vista humano.[271]

Mientras que la eugenesia parece haber sido una preocupación periférica, para él mantuvo una importancia central la idea de una «inferioridad general del sistema nervioso» heredada, como base etiológica común para la mayoría de los trastornos infantiles.[272] En cierto número de pasajes del manual esto se vincula al concepto de «estigmas degenerativos»: pequeñas anomalías corporales que supuestamente indicaban la «constitución degenerativa» de algunos de sus pacientes.[273]

Una consecuencia inquietante que se deriva de estos planteamientos teóricos son las consideraciones de Asperger sobre el abuso sexual cometido contra los niños. Estaba convencido de que las víctimas de abusos sexuales compartían una disposición constitucional y ciertos rasgos de carácter —como la «desvergüenza»— que los llevaban a «provocar» tales experiencias, mientras que los niños con «fuerzas defensivas naturales» debían ser capaces de rechazarlas.[274] Si un niño estaba traumatizado como consecuencia del abuso sufrido o de una violación, Asperger tomaba esta reacción, una vez más, como signo de una debilidad constitucional inherente, puesto que según él, una «personalidad sana» hubiera sido capaz de «superar» incluso «actos brutales de violación sexual» sin sufrir ningún daño en términos de su desarrollo psicológico.[275] En su libro de texto, los únicos ejemplos que ofrecía sobre este tema eran casos en los que el abuso se presentaba como una invención del niño, reforzando así la impresión de que las víctimas siempre eran las culpables: ya fuera por fantasear, quizás incluso mentir, o porque habían «provocado» los hechos debido a su predisposición constitucional.[276]

El caso de Edith H., de 15 años, ilustra la continuidad en el pensamiento desafecto de Asperger sobre el abuso sexual, desde la época nazi hasta el período posterior a la guerra. Edith fue admitida en el servicio de *Heilpädagogik* en abril de 1941 porque había sido objeto de abusos sexuales por parte de un hombre de 40 años. En su informe, Asperger la calificaba como «subdesarrollada en relación con el carácter y al intelecto». Condenó el hecho de que careciera de «sentido moral» y no mostrara ningún remordimiento por lo ocurrido. Recomendó someterla a un régimen de educación vigilada (*Fürsorgeerziehung*), no sólo debido a su «severa depravación sexual», sino también por el riesgo moral que supuestamente suponía para su entorno. Unos meses más tarde, siguiendo la recomendación de Asperger, el tribunal ordenó su ingreso en Spiegelgrund. Durante su estancia, según la médica Helene Jokl y el director de Spiegelgrund Erwin Jekelius, la chica se mostraba amigable, servicial y sociable, aunque también perezosa y susceptible de influencias tanto negativas como positivas. En contraste con Asperger, consideraron que su inteligencia era promedio, pero se hacían eco de su opinión acerca de la «depravación sexual» de Edith. Recomendaron enviarla a Theresienfeld, un reformatorio para chicas.[277]

De manera similar, empecinándose en su visión biologicista, Asperger rechazaba la posibilidad de que los niños constitucionalmente sanos pudieran sufrir traumatismos psíquicos como resultado de la guerra. Cualquier síntoma observable se debía, según él, o bien a algún defecto constitucional innato o bien al deseo de obtener ventajas materiales, como una pensión compensatoria.[278] El caso de Max G. es un ejemplo del impacto que este punto de vista tan limitado sobre la supuesta «constitución» de un niño podía tener en las vidas de sus pacientes. En 1938, cuando Max tenía seis años, su familia quedó hecha trizas por las políticas antijudías nazis. Su padre, judío, fue obligado a divorciarse y estuvo confinado cinco años en un campo de concentración. Max se trasladó con su madre a Znojmo, una ciudad checoslovaca anexionada tras el Acuerdo de Múnich de 1938, de donde fueron expulsados en 1945 junto con la población de lengua alemana. A los 14 años, regresó a vivir con su padre a una Viena asolada por la guerra. En agosto de 1946, Asperger firmó un peritaje para la Corte Juvenil de Guerra sobre Max, a quien se acusaba de una serie de robos. En su informe no se decía ni una palabra sobre la trágica biografía del niño: ni sobre el destino del padre del muchacho, ni acerca del hecho de que, como «medio judío», él mismo había sido sometido a la constante amenaza de ser perseguido durante la mitad de su vida. Mientras que otros documentos que figuraban en su dossier subrayaban que el niño había terminado la escuela con buenas notas a pesar de su difícil situación, Asperger lo describía como «claramente deficiente en lo intelectual». Basándose en el aparente «exceso de familiaridad» que apreciaba en Max y en su «falta de fiabilidad», le aplicó el diagnóstico de «psicópata epileptoide», un cuadro que se describía como el opuesto a la «psicopatía autística» respecto al comportamiento social. En noviembre de 1946, después de que Max fuera despedido de un trabajo como aprendiz que se había considerado una última oportunidad para demostrar su valía, fue enviado al reformatorio de Eggenburg, siguiendo las indicaciones del informe diagnóstico de Asperger.[279]

Como ha ocurrido en otros países, el público austríaco se ha visto enfrentado en los últimos años a una gran cantidad de revelaciones sobre la violencia, los abusos y la negligencia ubicuos en las instituciones creadas para proteger a los niños de, precisamente, estas mismas situaciones.[280] Lo mismo se puede decir de los niños discapacitados, que a menudo fueron mantenidos en instituciones asilares donde se les negó el acceso a terapia o a rehabilitación y se les sometió a un severo hospitalismo.[281] En este contexto, queda pendiente una valoración crítica de la pedagogía curativa según la versión de Asperger, con su «marcado predominio de conceptos pedagógicos restrictivos».[282] Y en concreto, lo que requiere de mayor investigación es de qué modo las ideas promovidas por él sobre las «constituciones hereditarias» como raíz de la mayoría de trastornos mentales, sus prejuicios contra las víctimas de abusos sexuales o de otro tipo, su creencia inquebrantable en los beneficios de las instituciones educativas cerradas y su énfasis en la autoridad del «educador genial» —el ideal de una figura paterna imponente que había creado para sí mismo— impactó cruelmente en las vidas de miles de niños que a menudo, recurriendo a argumentos científicamente dudosos, fueron estigmatizados con la etiqueta de «defectuosos constitucionalmente» y luego fueron institucionalizados.

Conclusiones: La ambigüedad peligrosa

Con esta investigación creemos haber logrado una base objetiva para abrir un debate crítico sobre la carrera de Hans Asperger, especialmente por lo que respecta a sus inicios, en la Viena sometida al gobierno nazi. Podemos avanzar nuestra principal conclusión: el relato que se venía tejiendo de Asperger como un médico fundamentalmente opuesto al nacionalsocialismo y un valiente defensor de sus pacientes contra la «eutanasia» nazi y otras medidas de higiene racial, ha quedado en entredicho y debe revisarse a la luz de las pruebas de las que disponemos. Lo que aflora de nuestra investigación histórica son las actuaciones mucho más problemáticas desempeñadas por este pionero de los estudios sobre autismo, cuyo nombre quedó asociado al trastorno del espectro autista conocido como «síndrome de Asperger». Kondziella, en su interesante artículo de 2009 sobre epónimos neurológicos cuyas raíces podían trazarse hasta el período nazi, atribuyó a Asperger un «papel ambivalente», clasificándolo como alguien que no fue ni «perpetrador» ni un «oponente» del régimen y sus imbricaciones ideológicas.[283] Desde nuestra labor historiográfica, hoy en día deberíamos reevaluar una categorización[284] tan amplia como ésta, puesto que disponemos de suficiente base para llevar a cabo una valoración mucho más detallada, basada en pruebas documentales, de su relación con el nazismo y el papel peligrosamente ambiguo de Asperger durante aquellos tiempos oscuros.

El período de formación de Asperger durante su adolescencia y primera juventud nos ayuda a entender las decisiones que tomó más tarde, concretamente, tras la anexión de Austria a la Alemania nazi en 1938. Estas influencias de juventud son el telón de fondo de su socialización política: su temprana participación en el Bund Neuland, organización que combinaba la ideología católica con la pangermana *völkisch*, y trazaría para siempre las líneas principales de su pensamiento y su carácter, como él mismo confesaba en su entrevista para la radio pública austríaca de 1974. Está demostrado que en los años anteriores al mes de marzo de 1938 el Bund se convirtió en un caballo de Troya para los activistas ilegales nazis, de manera que el joven Asperger pasó esos años determinantes para su construcción como persona dentro de una organización que a menudo actuó de puente entre los círculos católicos y los nazis. Aunque no hay pruebas de que Asperger apoyara activamente el nazismo antes de 1938, no hay duda de que compartía un fondo ideológico común, como él mismo reconoció después de la guerra. Esta ideología conformada en el Bund contribuye a explicar cómo pudo despegar la carrera del médico en la Clínica Universitaria Pediátrica de Viena en 1931, en un momento en el que su recién nombrado director, Franz Hamburger, nazi acérrimo, empezó a expulsar de la clínica a los ayudantes judíos y a reorientar la institución de acuerdo con su visión del mundo.

Conclusiones: La ambigüedad peligrosa

¿Cómo percibió el régimen nazi al médico Asperger? Como hemos visto, tras la *Anschluss*, como muchos austríacos que no habían participado activamente en el movimiento nazi durante el tiempo en que éste estuvo prohibido (de 1933 a 1938), Asperger intentó adquirir credenciales políticas positivas a ojos del nuevo régimen incorporándose a cierto número de organizaciones afiliadas al partido nazi, sin llegar a hacerse miembro de ese partido ni de ninguna de sus formaciones paramilitares —como las SA o las SS—, a diferencia de muchos de sus colegas en la clínica pediátrica y otras instituciones médicas con las que trabajó. Mantenerse en esta posición satelital respecto del partido no perjudicó su carrera; se pudo permitir evitar el compromiso ideológico que hubiera supuesto ser miembro del partido gracias a su mentor Hamburger, figura representativa del nazismo en la Facultad Médica de Viena.

A lo largo de los años siguientes, la orientación política de Asperger fue evaluada repetidamente por el régimen nazi, cada vez con resultados más positivos, mostrándolo como alguien dispuesto a admitir y contribuir en las ideas de higiene racial. En fechas tan tardías como 1943, cuando buscaba la aprobación de su tesis posdoctoral —el texto sobre psicópatas autísticos que luego le haría famoso—, obtuvo el consentimiento de la jerarquía nazi. En términos generales, durante los años del régimen nazi, Asperger consiguió extender sus actividades profesionales más allá de su puesto en la universidad, colaborando, sobre todo, dentro de la administración municipal de Viena y en el sistema de justicia juvenil. Como otros profesionales, Asperger sacó provecho de la exclusión de los médicos, psicólogos y pedagogos judíos de sus profesiones; la segregación antisemita había abierto nuevas oportunidades para aquellos que dentro de ese campo laboral no estaban afectados por la legislación antijudía o perseguidos políticamente. Aparte de algunas reservas iniciales debido a su orientación católica, no tenemos ninguna prueba de que las autoridades nazis consideraran a Asperger contrario a su agenda de higiene racial —o, más en general, a sus políticas— ni tampoco de que el médico se enfrentara alguna vez a represalias del régimen, como esos supuestos intentos por parte de la Gestapo de arrestarlo que él mismo alegó. Un origen plausible para este relato es que Josef Feldner, que había sido colega de Asperger, salvó a un chico judío escondiéndolo en su casa, y el modo en que Asperger se refirió a este episodio mucho después de la guerra sugiere que el acto heroico de Feldner y el riesgo de que fuera descubierto por las autoridades hicieron que Asperger temiera por su propia persona, lo cual podría explicar que se alistara en el servicio militar.

Otra de las conclusiones a las que llegamos con nuestro estudio es que la actitud del propio Asperger hacia los judíos resulta, como mínimo, ambigua. Como miembro de Neuland, podemos suponer que aceptaba tácitamente las tendencias antisemíticas de la organización, expresadas en términos tanto religiosos como *völkisch*-racistas. Los historiales médicos de sus pacientes judíos ponen de manifiesto que Asperger tenía un agudo sentido de la otredad, tanto religiosa como racial de estos niños, y que, a veces, los estereotipos antisemitas llegaron a ensuciar sus informes diagnósticos. Tras la anexión de Austria bajo el régimen nazi, el modo en que Asperger patologizó los trastornos mentales de algunos niños judíos, sin reconocer la durísima realidad de la persecución a la que se enfrentaban ni mostrar empatía hacia ellos en esas circunstancias, nos revela una cierta indiferencia del médico hacia el destino de estos pacientes infantiles bajo las políticas antijudías del régimen. Al mismo tiempo, las relaciones que mantenía con sus colegas judíos indican que separaba los prejuicios que invadían la esfera social y la política en las que se movía de sus relaciones personales, un fenómeno nada infrecuente en la historia del antisemitismo.

Después de marzo de 1938, siguió su estrategia de adquisición de credenciales políticas integrándose en organizaciones afiliadas al partido nazi, y usó sus conferencias y publicaciones para poner de manifiesto su acuerdo fundamental con los programas sobre higiene racial y salud pública del Estado nacionalsocialista, a la vez que reclamaba los recursos necesarios para hacerse cargo de los niños con trastornos o «en situaciones de riesgo» que necesitaban el apoyo de la *Heilpädagogik*. Aunque estos planteamientos diferían del núcleo duro de la ideología de higiene racial, con su inhumana devaluación del «hereditariamente inferior», no hay ninguna indicación de que se percibieran entonces como críticas de las políticas nazis, en contra de lo que algunos autores han argumentado. Más bien, las ideas de Asperger sobre la misión de la *Heilpädagogik* dentro del Estado nazi, donde ponía el énfasis en la conversión de estos niños con trastornos en miembros útiles del cuerpo político germano, eran ideas compartidas en amplios círculos en aquellos tiempos. Dado que Asperger recurrió a los mismos argumentos después de la guerra, no hay ninguna indicación de que la lógica utilitaria del valor social que empleó para referirse a sus pacientes —niños considerados difíciles que a veces tenían una inteligencia normal o incluso superior a la media— fuese una mera estrategia retórica. Tampoco benefició en nada al pequeño subconjunto de sus pacientes que diagnosticó como «psicópatas autísticos» —como han insistido en malentender algunos investigadores— el hecho de que Asperger considerara a algunos de ellos superiores en inteligencia. Al fin y al cabo, e igual que los niños con otros diagnósticos, su destino y su supervivencia dependían del lugar que ocuparan dentro del espectro de habilidades intelectuales y de otra clase utilizables para el régimen.

Por lo que respecta a la propia *Heilpädagogik* durante el nacionalsocialismo, la verdadera prueba de fuego para esta disciplina no fue cómo trataba a los niños con posibilidades de salir adelante —en una época de carestía de mano de obra cada vez mayor, no había nada polémico en que se intentaran integrar a la «comunidad del pueblo» y contribuyeran al esfuerzo bélico—, sino a aquellos otros con discapacidades tan severas que con ellos todo esfuerzo parecía inútil desde un punto de vista utilitario. Mucho antes de la irrupción del nazismo, la pedagogía curativa ya había excluido a los niños con discapacidades severas de su ámbito, destinándolos a manicomios o instituciones similares. En términos generales, la *Heilpädagogik* se defendía como una disciplina capaz de salvar a los que podían salvarse y capaz de decidir dónde poner los límites.

A pesar de su defensa de esta disciplina, Asperger dejó sin responder las preguntas más decisivas: ¿qué debía ocurrir con aquellos a quienes no se conseguía ayudar por medios pedagógicos, terapéuticos o médicos? Por lo que respecta a los llamados niños «ineducables» —que corrían el mayor riesgo bajo las políticas de higiene racial nazis—, las promesas de Asperger de hacer que sus pacientes se convirtieran en miembros valiosos de la «comunidad nacional» demostraron ser vanas. Con respecto a estos casos de discapacidad mental supuestamente «sin esperanza», los expedientes de Herta Schreiber y Elisabeth Schreiber sugieren que, al menos en aquellas circunstancias, Asperger estaba dispuesto a aceptar el asesinato de niños como último recurso. En el caso de Herta, parece que la madre consintió con la decisión de Asperger de transferirla directamente a Spiegelgrund. De acuerdo con el expediente médico de Elisabeth, la madre también reclamó la institucionalización, aunque no hay ninguna prueba de que conociera el destino que le deparaba a su hija.

Otro de los episodios sombríos de la vida del médico es la implicación de Asperger en la selección de víctimas para el programa de «eutanasia» infantil durante 1942, cuando formó parte de una comisión destinada a evaluar a más de 200 residentes de un hogar para niños con discapacidades mentales en Gugging, cerca de Viena. El trabajo de la comisión consistía en categorizar a los niños de acuerdo con sus habilidades intelectuales y sus pronósticos. De este trabajo resultaría un grupo residual de niños «ineducables» que deberían ser matados en Spiegelgrund: 35 niños fueron incluidos en este grupo y más tarde fueron asesinados dentro del programa para la eutanasia. A pesar de que Asperger no fue el autor directo de sus muertes, este episodio revela hasta qué punto cooperó con las criminales políticas del régimen. Su participación en la comisión estaba vinculada al trabajo a tiempo parcial que ejercía dentro la Oficina de Salud Pública de la ciudad de Viena, un puesto adicional que asumió voluntariamente en 1940. Además, la cooperación con el programa de «eutanasia» no era de ningún modo obligatoria, ya que se trataba de una operación ilegal, también bajo las normas de la Alemania nazi.

No sólo podemos evaluar la labor de Asperger a la luz de las prácticas más escabrosas del nazismo, puesto que la gran mayoría de sus pacientes no estaban amenazados por el programa de «eutanasia» infantil: no eran discapacitados mentales, sino niños considerados simplemente «anormales» o «difíciles» de alguna manera. Las etiquetas diagnósticas que recibieron en la clínica de Asperger, aunque en sí no constituían una amenaza para su vida, acarreaban graves consecuencias para ellos. Las opiniones clínicas de Asperger y de sus colegas determinaban en gran medida si un niño iba a ser apartado de su familia y entregado a un régimen de acogida o enviado a un reformatorio... instituciones plagadas de abusos de todo tipo. Nuestra comparación entre las prácticas diagnósticas de Asperger y las de sus colegas de Spiegelgrund (en relación, hay que advertirlo, a un grupo de niños con dificultades más severas que la media de pacientes de Asperger) nos permite llegar a la conclusión de que los informes de Asperger sobre esos niños fueron a menudo más hostiles y duros por el modo en que describían sus capacidades intelectuales, su carácter y su futuro potencial que los informes redactados en Spiegelgrund. Estos documentos no apoyan el «optimismo pedagógico» de que hacía gala el mismo Asperger, ni su autoproclamada benevolencia con sus pacientes, muy al contrario.

En cuanto a otras prácticas inspiradas por la «eugenesia» durante la época nazi, las conclusiones a las que llegamos es que Asperger parece haberse sentido menos inclinado a apelar directamente a la posibilidad de defectos hereditarios, que podrían haber justificado intervenciones como la esterilización forzosa. Los expedientes de su servicio contienen muy pocas referencias al programa de esterilización o a otras medidas de higiene racial, lo que sugiere que Asperger era reacio a denunciar a sus pacientes a las autoridades para estos propósitos específicos. Sin embargo, el hecho de que en algunos casos sí aportara información a las autoridades encargadas de implementar el programa de higiene racial sugiere que, en lo fundamental, no se oponía a dichas políticas. Esto también es coherente con sus comentarios públicos sobre la ley de esterilización, en los que argumentaba su necesidad pero llamaba a una «implementación responsable». En términos generales, no debería insistirse demasiado en la importancia de la esterilización en relación con Asperger y otros médicos austríacos del mismo período, ya que la ley de esterilización se introdujo en Austria mucho más tarde y a una escala mucho menor que en Alemania. Muchos médicos y hospitales desatendieron la exigencia de informar de sus pacientes, sin que ello tuviera consecuencias para ellos y, en cualquier caso, los niños no fueron el objetivo principal del programa. Aun así, no hay ninguna indicación de que Asperger se apartara de la posición oficial del Estado nazi en lo referente a la esterilización, que en este caso había decidido —al menos en principio y más en Austria que en Alemania— establecer mecanismos administrativos y legales para regular su práctica.

Terminada la guerra, en las pocas ocasiones en que Asperger hizo públicamente comentarios sobre el nacionalsocialismo, el médico profirió vagas críticas sobre «excesos» y faltas morales, pero nunca abordó la realidad de la persecución, la violencia y la destrucción que acarreó el régimen nazi, en especial para la población judía. En esta renuencia a hacerse cargo del pasado, su actitud fue la más común y extendida entre vastos segmentos de la sociedad austríaca de la posguerra. En su campo profesional de la *Heilpädagogik*, en el que se mantuvo una posición dominante durante las tres décadas posteriores a la Segunda Guerra Mundial, esta negación del pasado tuvo consecuencias perjudiciales, ya que muchos niños provenientes de entornos difíciles siguieron siendo etiquetados y tratados como «constitucionalmente defectuosos» y enviados a instituciones educativas cerradas donde seguían siendo sometidos a todo tipo de abusos.[285]

Para concluir, debemos advertir que no basta una investigación como ésta para poder hacer una valoración general del lugar que Asperger debería ocupar en la historia de la psiquiatría juvenil y de la *Heilpädagogik*, además de como pionero de la investigación sobre el autismo. La relevancia que ocupa el período nazi en el entendimiento de su vida y su carrera no puede sustituir una biografía completa del personaje, que sigue pendiente desde hace mucho tiempo. En lo tocante a la contribución de Asperger a la investigación sobre el autismo, no disponemos de pruebas que nos permitan considerar que su aportación quedó contaminada por su cuestionable contribución durante el nacionalsocialismo.[286] Sin embargo, no hay duda de que su investigación en este ámbito es inseparable del contexto histórico en que fue formulada por primera vez, sobre el cual esperamos haber arrojado alguna nueva luz. El destino del epónimo «síndrome de Asperger» debería determinarse tomando en cuenta otras consideraciones —estrictamente médicas— distintas de las problemáticas circunstancias históricas de su primera descripción. Éstas, por sí solas, no deberían ser el motivo para suprimirlo del vocabulario médico, más bien, deberíamos considerar estas nuevas revelaciones como una oportunidad para tomar mayor conciencia sobre los turbios orígenes del concepto.

Documentación

Este trabajo parte de un análisis cualitativo de documentos relacionados con la vida de Hans Asperger, de su trabajo y de su orientación política, tomados de archivos en Austria y, en menor grado, en Alemania, así como de sus propias publicaciones, muchas de las cuales no habían sido examinadas previamente en relación con las cuestiones que aquí se plantean. Las fuentes documentales incluyen, entre otras, los expedientes laborales de Asperger, informes políticos redactados por autoridades nazis e historiales médicos de diversas instituciones, principalmente de la clínica para la «eutanasia» infantil Spiegelgrund y del Servicio de *Heilpädagogik* de Asperger. En contra de lo que se había afirmado en varias ocasiones, estos historiales nunca fueron destruidos durante la guerra.[287] Salvo una discontinuidad entre 1945 y 1969, los ficheros (que empiezan en 1912) se conservan hoy en día en los Archivos Municipales y Provinciales de Viena. Corresponden a los niños admitidos como pacientes internos; la documentación del número mucho mayor de niños examinados en consulta externa se perdió. De los años críticos entre 1938 y 1944, han sobrevivido 1012 expedientes. Entre 1940 y 1944, el 62,7% de niños ingresados fueron varones y el 37,3% niñas. Aparte de cierto número de elementos recurrentes (como los formularios de admisión), los historiales varían en su contenido y también en su volumen. No se puede excluir que algún documento individual o un historial completo se haya perdido o haya sido eliminado subrepticiamente. Estos historiales se analizaron por primera vez en la publicación de 2018 que forma la base de este libro.[288]

Retrato de Hans Asperger (1906-1980) de su expediente laboral, ca. 1940. (WStLA, M.Abt. 202, A5: Hans Asperger).

Erwin Jekelius, colega de Asperger, quien durante el período nazi fue director de la clínica de «eutanasia» infantil Spiegelgrund y coordinador del programa de homicidios «Aktion T4» en Viena.

Name: Dr. Asperger Hans	**geb. am:** 18.2.06	**in:** Wien	
wohnhaft: 7.Burgg.88/22	**Zuteilung:**		

Auf Grund des Personalamts-Erlasses vom 12. Februar 1940 über die Tätigkeit von Beamten u. Bediensteten in der NSDAP., ihren Gliederungen, angeschlossenen und sonstigen Verbänden erkläre i auf Dienstpflicht:

I.

1. **Mitglied der NSDAP. seit** _-----_   **Mitglieds-Nr.** _____

   Ämter in de _____ als _____ vom _____ bis _____
   als _____ vom _____ bis _____
   als _____ vom _____ bis _____
   als _____ vom _____ bis _____

   Frühere Zugehörigkeit zur NSDAP. _---_ vom _____ bis _____
   Grund des Ausscheidens _____
   Ehrenzeichen der NSDAP. _____

2. **Mitgliedschaft und Ämter in Gliederungen der NSDAP.**

   HJ. **Mitarbeit in der HJ vorgesehen (Besprechung mit Dr.Dietrich)**
   vom _____ bis _____ als _____ (Dienstrang und Führerstelle)
   Grund des Ausscheidens _____

   SA.
   vom _---_ bis _____ als _____
   Grund des Ausscheidens
   vom _____ bis _____ als _____
   Grund des Ausscheidens

   NSKK.
   vom _---_ bis _____ als _____
   Grund des Ausscheidens

   NSFK.
   vom _---_ bis _____ als _____
   Grund des Ausscheidens

   NSD. Dozentenbund
   vom _---_ bis _____ (Grund des Ausscheidens)

   NSDStB.
   vom _---_ bis _____ (Grund des Ausscheidens)

   NS. Frauenschaft
   vom _---_ bis _____ (Grund des Ausscheidens)

3. **Mitgliedschaft und Ämter in angeschlossenen Verbänden**

   DAF.
   vom **IV.1938** bis **jetzt** als _____

En este cuestionario de octubre de 1940, Asperger informó de su pertenencia a varias organizac afiliadas al Partido Nazi. Sin embargo, se abstuvo de incorporarse al NSDAP como tal (WStLA M.Abt. 202, A5: Hans Asperger).

NSV.
vom **V.1938** bis **jetzt** als **Mitglied**

RDB.
vom --- bis als

NSRB.
vom --- bis als

NSD. Ärztebund
vom **VI.1938** bis **jetzt** als **Anwärter**

NSKOV.
vom --- bis als

NS. Bund Deutscher Techniker
vom --- bis als

II.

Frühere Zugehörigkeit zu politischen Parteien und Verbänden? Ämter?
vom --- bis als
vom bis als
vom bis als

Frühere Zugehörigkeit zu Beamtenorganisationen?
vom --- bis als
vom bis als

Frühere Zugehörigkeit zu (auch konfessionellen) Verbänden, C. V. usw.?
xxxx Deutscher Schulverein Südmark (VDA) seit 1932, Verein deutscher Aerzte seit 1934, Oest. St.Lukasgilde (unpolit.Aerztevereinigg.)
vom bis als

III.

Militärverhältnis
1. Im Weltkrieg (vom — bis, Truppenteil usw.)
----

2. Spätere militärische Ausbildung (vom — bis, Truppenteil)
----

3. Seit dem 1. September 1939 (Polenfeldzug, Westwall, Truppenteil)

Ich versichere, daß ich die vorstehenden Angaben nach bestem Wissen und Gewissen gemacht habe.

Wien, den **7.X.1940** 19

Unterschrift, Amtsbezeichnung

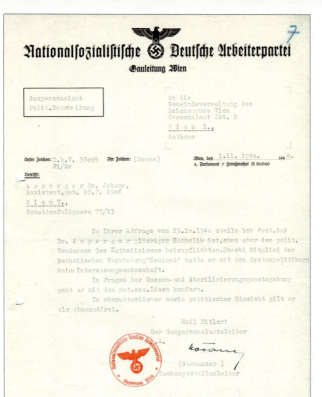

A pesar de la orientación católica de Asperger, las autoridades del partido nazi consideraron a Asper «políticamente irreprochable» y como alguien que estaba «en conformidad con las leyes raciales de esterilización nacionalsocialista (WStLA, M.Abt. 202, A5: Hans Asperger).

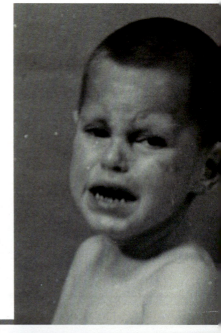

Herta Schreiber en la clínica de «eutanasia» Spiegelgrund, donde murió dos meses después de ser admitida (la foto ha sido recortada) (WStLA, Wiener Städtische Nervenklinik für Kinder, A2: Herta Schreiber).

En abril de 1943, la sección vienesa de la Nationalsozialistischer Deutscher Dozentenbund (Liga de Docentes Nacionalsocialistas Germanos), vinculada al partido nazi, aprobó la solicitud de Asperger para recibir su *Habilitation* posdoctoral» (Archive of the University of Vienna, personnel file Hans Asperger, MED PA 17).

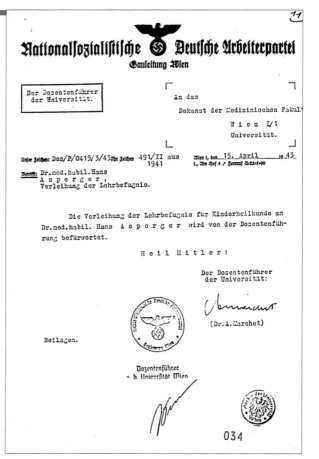

Hans Asperger recomendó que Herta fuera transferida a Spiegelgrund porque «debía de ser una carga insoportable para su madre», en junio de 1941 (WStLA, Wiener Städtische Nervenklinik für Kinder, A2: Herta Schreiber).

Meldung[1)]

eines Falles von ___Idiotie___
(Bezeichnung gem. Ziffer 1 bis 5 der Fußnote)

bei dem Kinde ___Schreiber Herta, 1.9.1938 geboren.___

3. Zt. der Meldung befindet sich das Kind in ___" Am Spiegelgrund "___

Zwilling — Ja[2)] — Nein — Gleich — Andersgeschlechtlich — ehelich — unehelich —;

___9___ tes Kind der Eltern von insgesamt ___9___ Kindern; davon totgeboren ___0___, noch lebend ___6___

Name und Vorname	wohnhaft in (g. J. Kreis und Straßenangabe)	geboren am	Religion
a) des Vaters ___Schreiber Karl___	___Wien 11., Hasenlei-___	___27.7.1902___	
b) der Mutter ___Schr. Therese___	___tengasse 8-8 Block4, St.9___	___15.9.1901___	

Beruf des Vaters ___Maurergehilfe___
   der Mutter ___Haushalt___

1. Angaben über das Leiden bzw. den Krankheitszustand

   a) Auffallendste Erscheinungen des Krankheitszustandes bzw. des Leidens (Bei Schädelanomalien Umfan (Stirn-Hinterhaupt) — in cm angeben!) ___Idiotie, sucht keinen Kontakt mit Umgebung, Unruhebewegungen, vorgehaltene Gegenstände werden kurze Zeit fixiert, aber nicht ergriffen. Grob neurologisch intern o.B.___

   b) Ist der Krankheitszustand gleichbleibend oder fortschreitend? ___gleichbleibend___

2. Angaben über die Geburt des Kindes

   a) Wieviel wog das Kind unmittelbar nach der Geburt? ___3000 g___

   b) Erfolgte die Geburt rechtzeitig, verfrüht oder verspätet? (Schwangerschaftsmonat _____)

   c) War die Geburtsdauer regelrecht, verkürzt (»Sturzgeburt«) oder verlängert? (Stundenangabe ___9 Stunden___

   d) Bestand nach der Geburt Asphyxie (Scheintod)? ___nein___

   e) Welche Wiederbelebungsmaßnahmen wurden durchgeführt? ___nein___

3. Angaben über Familiengeschichte

   a) Sind bereits gleiche oder ähnliche Krankheitszustände bzw. Leiden in der engeren Familie oder weiteren Verwandtschaft beobachtet worden? g. F. bei wem (Name und Anschrift) und welche Krankheiten bzw. Leiden

   ___Ein Bruder Franz besuchte 3 Jahre die Hilfsschule___

[1)] Die Meldung ist an das für den Aufenthaltsort des Kindes zuständige Gesundheitsamt zu richten. Meldepflichtig sind gem. RdErl. d. RMdJ. v. 18. 8. 1939 — IVb 3088/39 — 1079 Mi — Kinder mit folgenden schweren Leiden bzw. Krankheitszuständen:
  1. **Idiotie** sowie **Mongolismus** (besonders Fälle, die mit Blindheit und Taubheit verbunden sind),
  2. **Mikrocephalie** (abnorme Kleinheit des Kopfes, besonders des Hirnschädels),
  3. **Hydrocephalus** (Wasserkopf) schweren bzw. fortschreitenden Grades,
  4. **Mißbildungen** schwerer Art, besonders Fehlen von ganzen Gliedmaßen, schwere Spaltbildungen des Kopfes und der Wirbelsäule usw.
  5. **Lähmungen** einschl. Littlescher Erkrankung.
[2)] Das Nichtzutreffende ist jeweils zu durchstreichen.

El 8 de agosto de 1941, Erwin Jekelius informó acerca de Herta al Comité del Reich para el Registro Científico de Enfermedades Graves Hereditarias y Congénitas, la organización secreta responsable del programa de «eutanasia» infantil (WStLA, Wiener Städtische Nervenklinik für Kinder, A2: Herta Schreiber).

b) Sind in der engeren Familie oder weiteren Verwandtschaft auffallende Krankheiten anderer Art vorgekommen (insbesondere Nerven- oder Gemütsleiden, Anfallserkrankungen, übermäßiger Alkohol- oder Nikotinmißbrauch u. ä.), g. F. bei wem (Name und Anschrift) und welche Krankheiten bzw. Leiden?

Unbekannt

Die folgenden Fragen sind im Falle der Meldung durch den behandelnden Arzt von diesem auszufüllen. Bei der Meldung durch Hebammen sind sie durch den Amtsarzt — soweit möglich — zu ergänzen.

) Ist nach ärztlicher Ansicht eine Besserung oder Heilung zu erwarten? ___Nein___

) Wird die Lebensdauer des Kindes durch den Zustand voraussichtlich beschränkt? ___Nein___

) Ist das Kind — ganz gleich aus welchem Anlaß — bereits in ärztlicher- oder Anstaltsbegutachtung oder Behandlung gewesen, g. F. Angabe des Arztes bzw. der Anstalt und Dauer der Beobachtung bzw. der Behandlung?

Wilhelminenspital Wien XVI wegen Diphterie Juni 1941

) War die körperliche und geistige Entwicklung bisher regelrecht? ___Nein___

) 1. das Kind hat im _____ Monat gesessen — sitzt — noch nicht — nicht selbständig
2. „   „   „   „   „ sprechen gelernt — spricht noch nicht
3. „   „   „   „   „ laufen gelernt — läuft — heute noch nicht — nicht selbständig
4. „   „   ist „   „ sauber geworden — ist heute noch nicht sauber

) War das Kind dauernd oder zeitweise auffallend ruhig oder unruhig?

Motorische Unruhe des Kindes, äussert sich in Drehbewegungen des Kopfes und Beuge- und Streckbewegungen der Extremitäten

) Entspricht die körperliche Entwicklung dem Alter des Kindes — inwiefern nicht?
(In jedem Falle genau auszufüllen)

Körperlich stark unterentwickelt

) Entspricht die geistige Entwicklung dem Alter des Kindes — inwiefern nicht?
(In jedem Falle genau auszufüllen)

Nein, Idiotie.

) Sind anfallartige Erscheinungen, insbesondere Krampfanfälle beobachtet worden? (Angaben über Häufigkeit des Auftretens, Art (Bewußtlosigkeit), Zeitabstände zwischen den einzelnen Erscheinungen, Dauer dieser usw.)

Im Alter von 7 Monaten angeblich Fraisen

Sämtliche Fragen sind in leserlicher Schrift genau zu beantworten.

Wien , den 8.8.1941 194___   [Unterschrift]

**Wiener städtische Fürsorgeanstalt
„Am Spiegelgrund"**
Säuglings- und Kinderabteilung   (Unterschrift des Arztes)
Wien 109/XIV, Baumgartnerhöhe 1   Dr. Erwin Jekelius

Weitere Meldevordrucke sind bei den Gesundheitsämtern anzufordern.

Una nota en el expediente de Herta en Spiegelgrund sugiere que su madre sabía que su hija iba a ser asesinada en la clínica (WStLA, Wiener Städtische Nervenklinik für Kinder, A2: Herta Schreiber).

En el caso de Elisabeth Schreiber, Asperger también recomendó que fuera transferida a Spiegelgrund (WStLA, Wiener Städtische Nervenklinik für Kinder, A2: Herta Schreiber).

Agradecimientos

Quiero expresar mi agradecimiento muy especialmente a los profesores: Ernst Berger, Wolfgang Neugebauer, William Seidelman, a John Donvan, Caren Zucker y a los tres revisores anónimos de *Molecular Autism*, que leyeron el borrador y el manuscrito del artículo original sobre el que se basa este libro y aportaron valiosos comentarios, además de información útil.[289] Con John Donvan y Caren Zucker también estoy en deuda por dar a conocer mi investigación en su libro *In a different key: The story of autism*. Roxane Sousek, Jan Tuczek, Marion Zingler y Gertrude Czipke me ayudaron en el trabajo de investigación de archivos. El profesor Arnold Pollak (como director de la Clínica Pediátrica Universitaria de Viena) apoyó mi investigación en sus inicios y me dio la oportunidad de presentar los primeros resultados ante una audiencia más amplia en 2010. James Harris, profesor de neuropsiquiatría del desarrollo en la Johns Hopkins University School of Medicine, fue muy generoso con su tiempo explicándome las diferencias entre la «psicopatía autística» de Hans Asperger y el «autismo infantil temprano» de Leo Kanner, aunque mis conclusiones sobre el tema de la prioridad en el «descubrimiento» del autismo finalmente no se incluyeron en este trabajo.

Mi agradecimiento también a los Archivos Municipales y Provinciales de Viena, así como a los otros archivos que han aportado materiales para este estudio.

Gracias a Colin Phillips (Faculty of English, Adam Mickiewicz University, Poznan) y Tim Corbett, por la corrección de las pruebas del texto original inglés, y a Júlia Ibarz por la meticulosa adaptación de la presente versión en español. De la misma manera agradezco a Ned ediciones y su equipo (Alfredo Landman, Caterina da Lisca, Marta Beltrán, Carolina Hernández Terrazas) y a Enric Berenguer, autor del Posfacio, quienes han hecho posible esta versión con paciencia y profesionalismo.

Respecto a las ilustraciones usadas en este texto, que figuran en el pliego están escaneadas de materiales de los Archivos Municipales y Provinciales de Viena, reproducidas con permiso del propietario del copyright. La figura superior de la página 4 está en posesión de los archivos de la Universidad de Viena, que permite su reproducción para propósitos académicos. En el caso de la figura inferior de la primera página, los esfuerzos para encontrar a los propietarios del *copyright* no han tenido éxito, pero la editorial y el autor estarían contentos de tener noticias de ellos; todas las ilustraciones han sido usadas sin intereses económicos.

BIBLIOGRAFÍA

Anónimo (1943). «Bericht über die 1. Tagung der Deutschen Gesellschaft für Kinderpsychiatrie und Heilpädagogik in Wien am 5. September 1940», *Zeitschrift für Kinderforschung*, nº 49, págs. 1-119.

Asperger, H. (1937). «Das psychisch abnorme Kind», *Wien Klin Wochenschr*, nº 50, págs. 1460-1461.

— (1938). «Das psychisch abnorme Kind», *Wien Klin Wochenschr*, nº 49, págs. 1314-1317.

— (1939). «Pädagogische Therapie bei abnormen Kindern», *Med Klin*, nº 35, págs. 943-946.

— (1941). «Zur Erziehungstherapie in der Jugendfürsorge», *Monatsschr Kinderheilkd*, nº 87, págs. 238-247.

— (1942). «"Jugendpsychiatrie" und "Heilpädagogik"», *Munch Med Wochenschr*, nº 89, págs. 352-356.

— (1944a). «Die "Autistischen Psychopathen" im Kindesalter», *Arch Psychiatr Nervenkr*, nº 117, págs. 76-136.

— (1944b). «Postenzephalitische Persönlichkeitsstörungen», *Munch Med Wochenschr*, nº 91, págs. 114-117.

— (1950). «Seelische Abwegigkeiten als Ursachen der Jugendverwahrlosung», en Schneider, F. (ed.), *Jugendverwahrlosung*, Otto Müller Verlag, Salzburgo, págs. 21-36.

— (1952a). *Heilpädagogik. Einführung in die Psychopathologie des Kindes für Ärzte, Lehrer, Psychologen und Fürsorgerinnen*, Springer, Viena.

- (1952b). «Die Psychopathologie der jugendlichen Kriminellen», en Schneider F. (ed.), *Jugendkriminalität. Vorträge des internationalen Kongresses über Probleme der Jugendkriminalität*, Otto Müller Verlag, Salzburgo, págs. 26-40.
- (1957). «Probleme der modernen Pädiatrie», *Wiener klinische Wochenschr*, nº 69, págs. 549-553.
- (1962a). «Ecce Infans. Zur Ganzheitsproblematik in der modernen Pädiatrie (Wiener Antrittsvorlesung)», *Wiener Klin Wochenschriff*, nº 74, págs. 936-941.
- (1962b). «Dr. Josef Feldner – 75 Jahre», *Heilpädagogik, Beiblatt der Zeitschrift Erziehung und Unterricht*, nº 112, págs. 56-58.
- (1965). *Heilpädagogik. Einführung in die Psychopathologie des Kindes für Ärzte, Lehrer, Psychologen, Richter und Fürsorgerinnen*, 4ª ed., Springer, Viena, Nueva York.
- (1975). «In memoriam Dr. Josef Feldner», en Bläsig, W.; Jansen, G.W.; Schmidt, M.H. (eds.), *Die Körperbehindertenschule. Eine Darlegung der gegenwärtigen didaktischen und methodischen Konzeption*, Marhold, Berlín-Charlottenburg, págs. 61-74.
- (1977). «Erlebtes Leben. Fünfzig Jahre Pädiatrie», *Padiatr Padol*, nº 12, págs. 214-233.
- (1991). «"Autistic psychopathy" in childhood», notas y traducción a cargo de Uta Frith, en Frith, U. (ed.), *Autism and Asperger síndrome*, Cambridge University Press, Cambridge, págs. 37-92.

Asperger, H.; Heeger J.; Radl, H. (1959). «Geleitwort». En: Asperger, H., Heeger, J. y Radl, H., (eds.) *Sonderheft Dr.*

Theodor Heller. *Beiblatt der Zeitschrift 'Erziehung und Unterricht' Jahrgang 1959*, Österreichischer Bundesverlag/ Verlag für Jugend und Volk, págs. 5-6.

Asperger, H. y Goll, H. (1939). «Über einen Fall von Hemichorea bei einem eineiigen Zwillingspaar. Gleichzeitig ein Beitrag zum Problem der Individualität bei erbgleichen Zwillingen», *Der Erbarzt*, nº 6, págs. 24-28.

Asperger, H. y Siegl, J. (1934). «Zur Behandlung der Enuresis», *Arch Kinderheilkd*, nº 102, págs. 88-102.

Asperger Felder, M. (2008). «"Zum Sehen geboren, zum Schauen bestellt". Hans Asperger (1906-1980): Leben und Werk», en, Castell R. (ed.), *Hundert Jahre Kinder- und Jugendpsychiatrie. Biografien und Autobiografien*, V&R unipress GmbH, págs. 99-117.

Baron-Cohen, S.; Klin, A.; Silberman, S.; Buxbaum, J.D. (2018). «Did Hans Asperger actively assist the Nazi euthanasia program?», en *Molecular Autism*, nº 9, pág. 28, doi: 10.1186/s13229-018-0209-5.

Baumann, S. (2006). «Opfer von Menschenversuchen als Sonderfall», en Hockerts, H.-G.; Moisel, C.; Winstel T. (eds.), *Grenzen der Wiedergutmachung. Die Entschädigung für NS-Verfolgte in West- und Osteuropa 1945-2000*, Wallstein, Göttingen, págs. 147-186.

Baur, E.; Fischer, E.; Lenz, F. (eds.) (1932), *Menschliche Erblichkeitslehre und Rassenhygiene. Band I: Menschliche Erblichkeitslehre. Band II: Menschliche Auslese und Rassenhygiene (Eugenik)*, J.F. Lehmanns Verlag, Múnich.

Behal, B. (2009). *Kontinuitäten und Diskontinuitäten deutsch-na-*

tionaler katholischer Eliten im Zeitraum 1930-1965. Ihr Weg und Wandel in diesen Jahren am Beispiel Dr. Anton Böhms, Dr. Theodor Veiters und ihrer katholischen und politischen Netzwerke (tesis doctoral), Universität Wien, Viena.

Berger, E. (2009). «Kinderpsychiatrie in der NS-Zeit – Ordnungs- und Vernichtungspolitik in Kooperation mit Pädagogik und Fürsorge», *Schriftenreihe der Deutschen Gesellschaft für Geschichte der Nervenheilkunde*, nº 15, págs. 229-237.

— (2015). «Die Rolle der Kinder- und Jugendpsychiatrie in der NS-Zeit», *Neuropsychiatrie*, nº 29, págs. 148-149.

— (2017). «Die Österreichische Kinder und Jugendpsychiatrie nach 1945 bis 1975. Das Geschwisterverhältnis zur Heilpädagogik Österreichischer Prägung. Eine Gratwanderung zwischen historischer Hypothek und sozialpsychiatrischem Anspruch», en Fangerau H., Topp S., Schepker K., (eds.) *Kinder und Jugendpsychiatrie im Nationalsozialismus und in der Nachkriegszeit. Zur Geschichte ihrer Konsolidierung*, Springer, Berlín-Heidelberg, págs. 607-618.

Berger, E. y Katschnig, T. (2013). «Gewalt in Wiener Heimen zwischen 1945 und 1990 – eine retrospektive Studie aus psychotraumatologischer Perspektive», *Neuropsychiatrie*, nº 27, págs. 188-195.

Bock, G. (1986). *Zwangssterilisation im Nationalsozialismus. Studien zur Rassenpolitik und Frauenpolitik*, Westdeutscher Verlag, Opladen.

Botz, G. (1988). *Nationalsozialismus in Wien. Machtübernahme und Herrschaftssicherung*, 3ª ed., DVO, Buchloe.

Brill, W. (2011). *Pädagogik der Abgrenzung. Die Implementierung der Rassenhygiene im Nationalsozialismus durch die Sonderpädagogik*, Julius Klinkhardt, Bad Heilbrunn.

Bruck, V.; Frankl, G.; Weiss, A.; Zak, V. (1932). «Erwin Lazar und sein Wirken», *Zeitschrift für Kinderforschung*, nº 40, págs. 211-218.

Czech, H. (2002). «Selektion und Kontrolle. Der "Spiegelgrund" als zentrale Institution der Wiener Jugendfürsorge zwischen 1940 und 1945», en Gabriel, E.; Neugebauer, W. (eds.), *Von der Zwangssterilisierung zur Ermordung. Zur Geschichte der NS-Euthanasie in Wien Teil II*, Böhlau, Viena, Colonia, Weimar, págs. 165-187.

— (2003). *Erfassung, Selektion und "Ausmerze". Das Wiener Gesundheitsamt und die Umsetzung der nationalsozialistischen "Erbgesundheitspolitik" 1938 bis 1945*, Deuticke, Viena.

— (2007). «Die Inventur des Volkskörpers. Die "erbbiologische Bestandsaufnahme" im Dispositiv der NS-Rassenhygiene in Wien», en Mayer, T.; Hofer, V.; Baader, G. (eds.), *Eugenik in Österreich. Biopolitische Methoden und Strukturen von 1900-1945*, Czernin, Viena, págs. 284-311.

— (2012). «Nazi "euthanasia" crimes in World War II Austria», *Holocaust Hist Mem.*, nº 5, págs. 51-73.

— (2014a). «Abusive medical practices on "euthanasia" victims in Austria during and after world war II», en Rubenfeld, S.; Benedict, S. (eds.), *Human Sujects research after the Holocaust*, Springer, Cham, Heidelberg, Nueva York et al., págs. 109-125.

— (2014b). «Der Spiegelgrund-Komplex. Kinderheilkunde, Heilpädagogik, Psychiatrie und Jugendfürsorge

im Nationalsozialismus», *Österreichische Zeitschrift für Geschichtswissenschaft*, nº 25, págs. 194-219.
— (2015a). «Dr. Hans Asperger und die "Kindereuthanasie" in Wien – mögliche Verbindungen», en Pollak A., (ed.), *Auf den Spuren Hans Aspergers. Fokus Asperger-Syndrom: Gestern, Heute, Morgen*, Schattauer, Stuttgart, págs. 24-29.
— (2015b). «"Man muss den Kopf abtreiben, damit nicht die Glieder wieder nachwachsen." Anmerkungen zur Entnazifizierung der Medizin in Österreich», en Dreidemy, L.; Hufschmied, R.; Meisinger, A.; Wenninger, F.; Pfister, E.; Prager, K.; Wirth, M.; Molden, B.; Röhrlich, E. (eds.), *Bananen, Cola, Zeitgeschichte. Oliver Rathkolb und das lange 20. Jahrhundert*, Band nº 1, Colonia, Stuttgart; Böhlau, Weimar, págs. 357-371.
— (2016). «Von der "Aktion T4" zur "dezentralen Euthanasie". Die niederösterreichischen Heil- und Pflegeanstalten Gugging, Mauer-Öhling und Ybbs», *Jahrbuch des Dokumentationsarchivs des österreichischen Widerstandes*, págs. 219-266.
— (2018). «Hans Asperger, National Socialism and "race hygiene" in Nazi-era Vienna», en *Molecular Autism*, nº 9, pág. 29, doi: 10.1186/s13229-018-0208-6.
Czipke, G. (2013). *"Die SchreibmaschinentäterInnen". Die Wiener Jugendfürsorge in den Jahren 1945 bis 1970 und ihr Beitrag zur Durchsetzung einer gegen Mädchen, Frauen, "uneheliche" Mütter und deren Kinder gerichteten Geschlechterordnung* (tesis de maestría), Viena.
Dahl, M. (1998). *Endstation Spiegelgrund. Die Tötung behinderter Kinder während des Nationalsozialismus am Beispiel einer Kinderfachabteilung in Wien*, Erasmus, Viena.

Donvan, J. y Zucker, C. (2016). *In a Different Key: The Story of Autism*, 1ª ed., Crown, Nueva York.

DÖW (Dokumentationsarchiv des österreichischen Widerstandes). Centro de Documentación de la Resistencia austríaca. Base de datos de las víctimas de la Shoah, entrada de Walter Brucker: http://www.doew.at/ (consultado el 18 de diciembre de 2016).

— Entrada de Marie Klein: http://www.doew.at/ (consultado el 18 de diciembre de 2016).

— Wlodawa. http://ausstellung.en.doew.at/index.php?b=212&hl= (consultado el 18 de diciembre de 2016).

Dr. n. m. [Anton Böhm] (1933a). «Zur politischen Lage», *Neuland. Blätter jungkatholischer Erneuerungsbewegung*, nº 10, págs. 81-88.

— (1933b). «Zur politischen Lage», *Neuland. Blätter jungkatholischer Erneuerungsbewegung*, nº 10, págs. 103-111.

Eberle, A. (1994). «Zentralwanderhof Herzogsägmühle 1936-1945. Zwangsfürsorge für "Nichtseßhafte" und "Asoziale" in Bayern», *1999. Zeitschrift für Sozialgeschichte des 20. und 21. Jahrhunderts*, nº 9, págs. 46-60.

Eisenreich, R. (2013). «Die Schande von Pavillon 15», *Falter*, nº 22, págs. 16-17.

Ertl, K.A. (2012). *NS-Euthanasie in Wien. Erwin Jekelius: Der Direktor vom "Spiegelgrund" und seine Beteiligung am NS-Vernichtungsprogramm* (tesis de maestría), Viena.

Feinstein, A. (2010). *A history of autism: conversations with the pioneers*, 1ª ed., Wiley-Blackwell, Chichester [trad. cast.: *Historia del autismo. Conversaciones con los pioneros*, edición revisada y ampliada, Autismo Ávila, Ávila, 2016].

Fitzgerald, M. (2008). «Autism: Asperger's syndrome – history and first descriptions», en Rausch, J.L.; Johnson, M.E.; Casanova, M.F. (eds.), *Asperger's Disorder*, Informa Healthcare, Nueva York, págs. 1-5.

Frankl, G. (1932). «Der Wirkungskreis der ärztlichen Heilpädagogik», *Volksgesundheit*, nº 6, págs. 180-185.

— (1934). «Befehlen und Gehorchen. Eine heilpädagogische Studie», *Zeitschrift für Kinderforschung*, nº 42, págs. 463-479.

— (1937a). «Die Heilpädagogische Abteilung der Wiener Kinderklinik», *Zeitschrift für Kinderschutz, Familien- und Berufsfürsorge*, nº 29, págs. 33-54.

— (1937b). «Über postenzephalitischen Parkinsonismus und verwandte Störungen im Kindesalter», *Zeitschrift für Kinderforschung*, nº 46, págs. 199-249.

— (1937c). «Triebhandlungen bei Dissozialität nach Enzephalitis epidemica und anderen psychopathischen Störungen des Kindesalters», *Zeitschrift für Kinderforschung*, nº 46, págs. 401-448.

Frankl, V. (1946). *Man's search for meaning*, Washington Square Press, Nueva York.

— (1995). *Was nicht in meinen Büchern steht. Lebenserinnerungen*, Quintessenz, Múnich.

Friedmann, I. (2013). «Die institutionelle Vernetzung der heilpädagogischen Abteilung der Universitätskinderklinik in Wien zwischen 1930 und 1945», en Österreichische HochschülerInnenschaft (ed.), *Österreichische Hochschulen im 20. Jahrhundert. Austrofaschismus, Nationalsozialismus und die Folgen*, Facultas, Viena, págs. 177-189.

— (2016a). «"Es handelte sich um einen sonderlinghaften, triebhaft veranlagten Knaben." Beispiele heilpädagogischer Gutachten für das Wiener Jugendgericht während der Jahre 1920-1970», *Virus. Beiträge zur Sozialgeschichte der Medizin*, nº 14, págs. 267-284.

— (2016b). «Hans Asperger und die Heilpädagogische Abteilung der Wiener Universitätsklinik. Konzepte und Kontinuitäten», en Krischel, M.; Schmidt, M.; Groß, D. (eds.), *Medizinische Fachgesellschaften im Nationalsozialismus. Bestandsaufnahme und Perspektiven*, LIT Verlag, Berlín, págs. 309-320.

Frith, U. (1991). «Asperger and his syndrome», en Frith, U. (ed.), *Autism and Asperger syndrome*, Cambridge University Press, Cambridge, págs. 1-36.

Fuchs, P. (2010). «Zur Selektion von Kindern und Jugendlichen nach dem Kriterium der "Bildungsunfähigkeit"», en Rotzoll, M.; Hohendorf, G.; Fuchs, P.; Mundt, C.; Eckart, W.U. (eds.), *Die nationalsozialistische «Aktion T4» und ihre Opfer. Von den historischen Bedingungen bis zu den ethischen Konsequenzen für die Gegenwart*, Schöningh, Paderborn, págs. 287-296.

Gausemeier, B. (2004). «Rassenhygienische Radikalisierung und kollegialer Konsens», en Sachse, C. (ed.), *Die Verbindung nach Auschwitz. Biowissenschaften und Menschenversuche an Kaiser-Wilhelm-Instituten. Dokumentation eines Symposiums*, Wallstein Verlag, Göttingen, págs. 178-198.

Goldenberg, A. (2015). «Das Tagebuch des Hansi Busztin», *Falter*, nº 17, págs. 18-21.

Gröger, H. (2003). «Das Syndrom des "Autistischen Psychopathen". Hans Asperger zwischen Pädiatrie, Kinderpsychiatrie und Heilpädagogik», *Schriftenreihe der Deutschen Gesellschaft für Nervenheilkunde*, nº 14, págs. 199-213.
— (2015). «Zur Ideengeschichte der medizinischen Heilpädagogik – Hans Asperger und das Syndrom des "Autistischen Psychopathen"», en Pollak, A. (ed.), *Auf den Spuren Hans Aspergers. Fokus Asperger-Syndrom: Gestern, Heute, Morgen*, Schattauer, Stuttgart, págs. 30-37.
Gütt, A.; Rüdin, E.; Ruttke, F. (1934). *Gesetz zur Verhütung erbkranken Nachwuchses vom 14. Juli 1933*, J. F. Lehmanns Verlag, Múnich.
— (1936). *Gesetz zur Verhütung erbkranken Nachwuchses vom 14. Juli 1933 nebst Ausführungsverordnungen*, J. F. Lehmanns Verlag, Múnich.
Hamburger, F. (1939). «Nationalsozialismus und Medizin», *Wien Med Wochenschr*, nº 89, págs. 141-146.
Hammer, K. (1934a). «Die Wiener Pressefrage», *Neuland. Blätter jungkatholischer Erneuerungsbewegung*, nº 11, págs. 36-41.
— (1934b). «Die Wiener Pressefrage II», *Neuland. Blätter jungkatholischer Erneuerungsbewegung*, nº 11, págs. 65-70.
Hanak-Lettner, W. (ed.), (2015). *Die Universität. Eine Kampfzone*, Picus Verlag, Viena.
Harper, P.S. (1996). «Naming of syndromes and unethical activities: the case of Hallervorden and Spatz», *Lancet*, nº 348, págs. 1224-1225.
Heller, T. (1959). «Heilpädagogik in Österreich. Aus dem Vortrag anlässlich der Gründung der Österreichischen

Gesellschaft für Heilpädagogik in Wien, am 3. Juli 1935», en Asperger, H.; Heeger, J.; Radl, H. (eds.), *Sonderheft Dr. Theodor Heller. Beiblatt der Zeitschrift 'Erziehung und Unterricht' Jahrgang 1959*, Österreichischer Bundesverlag/ Verlag für Jugend und Volk, Viena, págs. 7-11.

Hippler, K. (2013). «Hans Asperger and his patients», en Just, M.A. y Pelphrey, K.A. (eds.), *Development and brain systems in autism*, Psychology Press, Nueva York, págs. 12-31.

Hippler, K. y Klicpera, C. (2003). «A retrospective analysis of the clinical case records of "autistic psychopaths" diagnosed by Hans Asperger and his team at the University Children's Hospital, Vienna», *Philos Trans R Soc Lond B*, n° 358, págs. 291-302.

— (2005). «Hans Asperger und "seine Kinder" – eine retrospektive Untersuchung des Spektrums der "autistischen Psychopathie" anhand von Wiener Krankenakten», *Z Kinder Jugendpsychiatr Psychother*, n° 33, págs. 35-47.

H.B. (1934). «Umschau», *Neuland. Blätter jungkatholischer Erneuerungsbewegung*, n° 11, págs. 93-95.

Hubenstorf, M. (1984). «Österreichische Ärzteemigration 1934-1945. Zwischen neuem Tätigkeitsgebiet und organisierten Rückkehrplänen», *Ber Wiss*, n° 7, págs. 85-107.

— (1988). «Kontinuität und Bruch in der Medizingeschichte. Medizin in Österreich 1938 bis 1955», en Stadler, F. (ed.), *Kontinuität und Bruch 1938- 1945-1955. Beiträge zur österreichischen Kultur- und Wissenschaftsgeschichte*, Jugend und Volk, Viena, Múnich, págs. 299-332.

— (2002). «Tote und/oder lebendige Wissenschaft. Die intellektuellen Netzwerke der NS-Patientenmordaktion in

Österreich», en Gabriel, E.; Neugebauer, W. (eds.), *Von der Zwangssterilisierung zur Ermordung. Zur Geschichte der NS-Euthanasie in Wien Teil II*, Böhlau, Viena, Colonia, Weimar, págs. 237-420.
— (2005). «Pädiatrische Emigration und die "Hamburger-Klinik" 1930-1945», en Widhalm, K. y Pollak, A. (eds.), *90 Jahre Universitäts-Kinderklinik am AKH in Wien. Umfassende Geschichte der Wiener Pädiatrie*, Literas Universitätsverlag, Viena, págs. 69-220.
— (2011). «Urologie und Nationalsozialismus in Österreich», en Krischel, M.; Moll, F.; Bellmann, J. *et al.* (eds.), Urologen im Nationalsozialismus, Bd. 1: Zwischen Anpassung und Vertreibung, Hentrich & Hentrich, Berlín, págs. 139-172.
Jekelius, E. (1936). «Incontinentia alvi im Kindesalter», *Arch Kinderheilkd*, n° 109, págs. 129-38.
— (1942). «Grenzen und Ziele der Heilpädagogik», *Wien Klin Wochenschr*, n° 55, págs. 385-386.
Klee, E. (1985). *Dokumente zur «Euthanasie»*, Fischer TB, Fráncfort del Meno.
— (2010). *Euthanasie im Dritten Reich. Die «Vernichtung lebensunwerten Lebens»*, Fischer Taschenbuch Verlag, Fráncfort del Meno.
Klösch, C. (2000). «Hermann Lein – "Innitzer-Gardist" in Dachau und Mauthausen», http://www.gedenkdienst.at/index.php?id=231 (consultado el 9 de julio de 2015).
Kondziella, D. (2009). «Thirty neurological eponyms associated with the Nazi era», *Eur Neurol.*, n° 62, págs. 56-64.

Korger, F. (1933). «Zur heutigen Behandlung der Jugendfrage», *Neuland. Blätter jungkatholischer Erneuerungsbewegung*, nº 10, págs. 171-174.

K.W. (1935). «Erwägungen zur Volkstumsarbeit in der Großstadt», *Neuland. Blätter jungkatholischer Erneuerungsbewegung*, nº 12, págs. 213-215.

Lange, J. (1940). «Erbliche Geisteskrankheiten und Psychopathien», en Fischer, E.; Lenz, F.; Gottschaldt, K. (eds.), *Baur-Fischer-Lenz. Menschliche Erblehre und Rassenhygiene*, Band I: 2 Hälfte Erbpathologie, J. F. Lehmanns Verlag, Múnich, Berlín, págs. 386-464.

Lazar, E. (1923). «Die Heilpädagogische Abteilung der Kinderklinik in Wien», *Sonderabdruck aus der Zeitschrift für Kinderforschung*, nº 28, págs. 161-174.

Leixner, L. (1938). «Die Grausamkeit der "Mitleidigen". Das Gesetz zur Verhütung erbkranken Nachwuchses mit 1. Jänner auf die Ostmark ausgedehnt», *Völkischer Beobachter*, 1938, pág. 6.

Löscher, M. (2009). «...*der gesunden Vernunft nicht zuwider*...»? *Katholische Eugenik in Österreich vor 1938*, Studienverlag, Innsbruck, Viena, Bolzano.

List, E. (2008). «"Warum nicht in Kischniew?" Zu einem autobiographischen Tondokument Igor Carusos», *Z Psychoanal Theor Prax*, nº 23, págs. 117-141.

Luza, R. (1984). *The resistance in Austria, 1938-1945*, University of Minnesota Press, Minneapolis.

Lyons, V. y Fitzgerald, M. (2007a). «Did Hans Asperger (1906-1980) have Asperger syndrome?», *J Autism Dev Disord*, nº 37, págs. 2020-2021.

L.Z. (1935). «Die Juden Wiens», *Neuland. Blätter jungkatholischer Erneuerungsbewegung*, nº 12, págs. 19-21.

Malina, P. (2007). «Die Wiener städtische Erziehungsanstalt Biedermannsdorf als Institution der NS-Fürsorge – Quellenlage und Fallbeispiele», en Berger, E. (ed.), *Verfolgte Kindheit. Kinder und Jugendliche als Opfer der NS-Sozialverwaltung*, Böhlau, Viena, págs. 263-275.

Massin, B. (2003). «Mengele, die Zwillingsforschung und die "Auschwitz-Dahlem Connection"», en Sachse, C. (ed.), *Die Verbindung nach Auschwitz. Biowissenschaften und Menschenversuche an Kaiser-Wilhelm-Instituten. Dokumentation eines Symposiums*, Wallstein Verlag, Minneapolis, págs. 201-254.

Mayrhofer, H.; Wolfgruber, G.; Geiger, K.; Hammerschick, W.; Reidinger, V. (eds.), (2017). *Kinder und Jugendliche mit Behinderungen in der Wiener Psychiatrie von 1945 bis 1989. Stationäre Unterbringung am Steinhof und Rosenhügel*, LIT, Viena.

Michaels, J. (1935). «The Heilpedagogical Station of the Children's Clinic at the University of Vienna», *Am J Orthopsychiatry*, nº 5, págs. 266-275.

Nedoschill, J. y Castell, R. (2001). «Der Vorsitzende der Deutschen Gesellschaft für Kinderpsychiatrie und Heilpädagogik im Zweiten Weltkrieg», *Prax Kinderpsychol Kinderpsychiatr*, nº 50, págs. 228-237.

Neugebauer, W. (1997). «Die Klinik "Am Spiegelgrund" 1940-1945. Eine "Kinderfachabteilung" im Rahmen der NS-"Euthanasie"», *Studien zur Wiener Geschichte. Jahr-*

buch des Vereins für die Geschichte der Stadt Wien 1996/97, nº 52/53, págs. 289-305.

ORF (1978). *Geschichten und Geschichte. Autobiographische Aussagen von Hans Asperger*, Österreichischer Rundfunk, primera emisión 24 de diciembre de 1974), https://www.mediathek.at/portaltreffer/atom/01782B10-0D9-00CD5-00000BEC-01772EE2/pool/BWEB (consultado el 1 de abril de 2019).

Pauley, B. (1993). *Eine Geschichte des österreichischen Antisemitismus. Von der Ausgrenzung zur Auslöschung*, Kremayr & Scheriau, Viena.

Planner-Plann, O. (1938). «Zum Aufbau des nationalsozialistischen deutschen Ärztebundes in Österreich», *Deutschösterreichische Ärztezeitung*, nº 1, págs. 51-52.

Reimann, V. (1967). *Innitzer. Kardinal zwischen Hitler und Rom*, Fritz Molden, Viena, Múnich.

Riedel, H. (1940). «Kinderpsychiatrie und Psychotherapie in Wien», *Munch Med Wochenschr*, nº 87, págs. 1161-1163.

Risak, E. y Asperger, H. (1932). «Neue Untersuchungen über das Auftreten von Melaninreaktionen im menschlichen Harn nach Sonnenbestrahlung», *Wien Klin Wochenschr*, 45, págs. 134-136.

Ronen, G.M.; Meaney, B.; Dan, B.; Zimprich, F.; Stögmann, W.; Neugebauer, W. (2009). «From eugenic euthanasia to habilitation of "disabled" children: Andreas Rett's contribution», *J Child Neurol*, nº 24, págs. 115-127.

Rzesnitzek, L; Lang, S. (2017). «"Electroshock therapy" in the Third Reich», *Med Hist*, nº 16, págs. 66-88.

Schepker, K. y Fangerau, H. (2016). «Die Gründung der Deutschen Gesellschaft für Kinderpsychiatrie und Heilpädagogik. Der Weg von Paul Schröder zum Gründungsvorsitzenden», *Z Kinder Jugendpsychiatr Psychother*, n° 44, págs. 180-188.

Schirmer, B. (2002). «Autismus und NS-Rassengesetze in Österreich 1938. Hans Aspergers Verteidigung der "autistischen Psychopathen" gegen die NS-Eugenik», *Die neue Sonderschule*, n° 47, págs. 460-464.

Schlarp, K.-H. (1986). *Wirtschaft und Besatzung in Serbien 1941-1944. Ein Beitrag zur nationalsozialistischen Wirtschaftspolitik in Südosteuropa*, Steiner, Stuttgart.

Schmitz-Berning, C. (2007). *Vokabular des Nationalsozialismus*, Walter de Gruyter, Berlín y Nueva York.

Schmuhl, H.-W. (1994). «Reformpsychiatrie und Massenmord», en Prinz, M., Zitelmann, R. (eds.), *Nationalsozialismus und Modernisierung*, 2ª ed., Wissenschaftliche Buchgesellschaft, Darmstadt, págs. 239-266.

Schopler, E. (1998). «Premature popularization of Asperger syndrome», en Schopler, E.; Mesibov, G.B.; Kunce, L.J. (eds.), *Asperger syndrome or high-functioning autism?*, Plenum Press, Nueva York, págs. 385-399.

Schödl, L. (1940). «Borgia-Rummel in Lainz», *Völkischer Beobachter*, 1940, pág. 7.

Seewann, G. (1974a). *Österreichische Jugendbewegung 1900-1938. Die Entstehung der Deutschen Jugendbewegung in Österreich-Ungarn 1900 bis 1914 und die Fortsetzung in ihrem katholischen Zweig "Bund Neuland" von 1918 bis 1938*, tomo 1, Dipa-Verlag, Fráncfort del Meno.

— (1974b). *Österreichische Jugendbewegung 1900-1938. Die Entstehung der Deutschen Jugendbewegung in Österreich-Ungarn 1900 bis 1914 und die Fortsetzung in ihrem katholischen Zweig "Bund Neuland" von 1918 bis 1938*, tomo 2, Dipa-Verlag, Fráncfort del Meno.

Seidler, E. (1999). «Das Schicksal der Wiener jüdischen Kinderärzte zwischen 1938 und 1945», *Wien Klin Wochenschr*, nº 18, págs. 754-763.

Sieder, R. (2015). «Warum das Wiener Jugendamt seinem Erziehungsberater nicht folgte», en Aichhorn, T.; Fallend, K. (ed.), August Aichhorn – *Vorlesungen zur Einführung in die Psychoanalyse. Für Erziehungsberatung und Soziale Arbeit. Mit einem Essay von Reinhard Sieder*, Löcker, Viena, págs. 201-225.

Sieder, R. y Smioski, A. (2012). *Der Kindheit beraubt. Gewalt gegen Kinder in Erziehungsheimen der Stadt Wien*, Studienverlag, Innsbruck, Vienna, Bolzano.

Sheffer, E. (2018). *Asperger's Children. The Origins of Autism in Nazi Vienna*, W. W. Norton & Company, Nueva York, Londres.

Silberman, S. (2015). *NeuroTribes. The legacy of autism and the future of neurodiversity*, 1ª ed., Avery, Nueva York.

Sousek, R. (2015). «Hans Asperger (1906-1980) – Versuch einer Annäherung», en Pollak A. (ed.), *Auf den Spuren Hans Aspergers. Fokus Asperger-Syndrom: Gestern, Heute, Morgen*, Schattauer, Stuttgart, págs. 15-23.

Spring, C. (2009). *Zwischen Krieg und Euthanasie: Zwangssterilisationen in Wien 1940-1945*, Böhlau, Viena.

Topp, S. (2013). *Geschichte als Argument in der Nachkriegsmedizin. Formen der Vergegenwärtigung der nationalsozialisti-*

schen Euthanasie zwischen Politisierung und Historiographie,
V&R unipress, Göttingen.
WAIS Wiener Archivinformationsystem. Vollansicht Serie 1.3.2.209.1.A47. 2004/2005. https://www.wien.gv.at/actaproweb2/benutzung/print.xhtml?id= Ser+++++-00001821ma8Invent (consultado el 6 de febrero de 2016).
Weindling, P. (2017). «Unser eigener 'österreichischer Weg': Die Meerwasser-Trinkexperimente in Dachau 1944», en Czech, H., Weindling, P. (eds.), *Österreichische Ärzte und Ärztinnen im Nationalsozialismus*, Dokumentationsarchiv des österreichischen Widerstandes, Viena, págs. 133-177.
Wing, L. (1981). «Asperger's syndrome: a clinical account», *Psychol Med.*, nº 11, págs. 115-129.

Notas

1. Asperger, 1938.
2. Asperger, 1944a.
3. ORF, 1978.
4. El análisis de los expedientes de los pacientes de Asperger se encuentra en los capítulos «Los pequeños pacientes judíos de Asperger» y «Los diagnósticos de Asperger comparados con los de Spiegelgrund».
5. ORF, 1978.
6. Wing, 1981.
7. Frith, 1991: 7.
8. Frith, 1991: 10.
9. En 1998, Schopler usó los vínculos de Asperger con el Movimiento Juvenil Alemán para sugerir un sesgo en su muestra original de pacientes y desautorizar su trabajo sobre autismo (Schopler, 1998: 387).
10. Asperger, 1991: 86.
11. Schirmer, 2002.
12. Gröger, 2003: 204-206, 210.
13. Gröger, 2003: 209. Como demostramos en el capítulo «Límites de la "educabilidad": Asperger y la clínica para la "eutanasia" Spiegelgrund», la niña Herta Schreiber fue transferida a Spiegelgrund bajo la responsabilidad de Asperger y murió allí dos meses más tarde.
14. Hubenstorf, 2005: 171-174.
15. Hubenstorf, 2005: 93, 118-119, 126-135, 191-193. Véanse los capítulos: «"El mejor servicio a nuestro *Volk*": Asperger y la higiene racial» y «Los diagnósticos de Asperger comparados con los de Spiegelgrund».

16. Asperger Felder, 2008.
17. Kondziella, 2009: 59.
18. Czech, 2015a; véase también Czech, 2014b: 201, 206, 217.
19. Gröger, 2015; Sousek, 2015: 19; Friedmann, 2013, 2016a y 2016b. El término alemán Heilpädagogik llegó a nuestra lengua como «pedagogía curativa» y designaba la transición entre la medicina y la pedagogía. Comprendía una serie de estudios singulares donde se entremezclaba, entre otros, psicología, pediatría e higiene social. [N. de la T.].
20. Lyons y Fitzgerald, 2007a: 2020; Fitzgerald, 2008.
21. Feinstein, 2010: 15-18. En la reciente versión española del libro, Feinstein incluyó información sobre el caso de Herta Schreiber, así como una nueva defensa de Asperger por Uta Frith (Feinstein, 2016: 14-15).
22. Donvan y Zucker, 2016: 316-341. Decidimos compartir los resultados de nuestro trabajo con los autores tras un encuentro con John Donvan en septiembre de 2014, en Washington, D.C. Se había puesto en contacto tras descubrir nuestro trabajo a través de informaciones publicadas en los medios austríacos. Poco después de la publicación de nuestro artículo de 2018 (base de esta obra) apareció un libro de Edith Sheffer sobre temas muy similares que retomó y confirmó muchos de nuestros hallazgos. Sin embargo, hay un desacuerdo importante sobre la tesis, promovida por Sheffer, de que el concepto de autismo en sí mismo se tiene que considerar como un producto de la ideología nazi (Sheffer, 2018).
23. Hubenstorf, 2005: 192-193.
24. Seewann, 1974a: 92-94.
25. Asperger se unió a la Unión Estudiantil Cristiana Social poco después de su fundación, en 1921 o 1922, según Michael Hubenstorf, *Hans Asperger Biography* (no publicada).
26. ORF, 1978.
27. Seewann, 1974a: 175-181.

28. Behal, 2009: 92. De acuerdo con otra fuente, el Bund tenía 1.200 miembros en 1937 (Seewann, 1974b: 590).
29. Luza, 1984: 46.
30. Seewann, 1974b: 835.
31. Citado por Behal, 2009: 99. *Volk*, pueblo, entendido como el pueblo de «pura raza alemana»; Gran Imperio Alemán, en alemán *Großdeutsches Reich*, es el nombre oficial de la entidad política que el partido nazi estableció durante la Segunda Guerra Mundial. [N. de la T.].
32. Behal, 2009: 95, 193; Klösch, 2000.
33. Reimann, 1967: 70-71.
34. Seewann, 1974b: 586-587.
35. Behal, 2009: 103, 189-195. Taras Borodajkewycz, cuyas observaciones antisemíticas en 1965 desencadenaron un escándalo en relación con la persistencia de sentimientos neonazis en Austria, fue otro prominente «constructor de puentes» católico-nazi estrechamente vinculado al Bund Neuland (Behal, 2009: 207-208).
36. Behal, 2009: 100-101.
37. Dr. n. m. [Anton Böhm], 1933b: 106-107.
38. Korger, 1933.
39. H.B., 1934: 93.
40. Hammer, 1934a, 1934b; L.Z., 1935; 20-21; K.W., 1935: 215.
41. Dr. n. m. [Anton Böhm], 1933a.
42. Dr. n. m. [Anton Böhm], 1933b: 110.
43. Seewann, 1974a: 201-208, 342; Behal, 2009: 63-65. Para un análisis pormenorizado de la heterogénea ideología del Bund y su relación con la «derecha» y la «izquierda», véase Seewann 1974b: 807-881.
44. Luza, 1984: 46.
45. Seewann, 1974b: 586-588, 839.
46. Löscher, 2009: 106-116. WStLA, 1.3.2.202, Personalakt Hans Asperger, Fragebogen, 7 oct. 1940.

47. WStLA, 1.3.2.202, Personalakt Hans Asperger, Fragebogen, 7 oct. 1940.
48. Hubenstorf, 2005: 78.
49. Hubenstorf, 1984: 90.
50. Hubenstorf, 2005: 78.
51. Hubenstorf, 2011: 142-3.
52. WStLA, 1.3.2.202, Personalakt Hans Asperger, Fragebogen, 7 oct. 1940.
53. Véase Seewann, 1974b: 848-849.
54. ORF, 1978.
55. Archivo privado de Maria Asperger Felder, su hija, *Diario de viaje de Hans Asperger*, primavera de 1934 (cit. en Asperger Felder, 2008: 103). Le pedimos a Maria Asperger Felder posibles documentos relevantes de su padre —en particular, aquellos en los que pudiera encontrarse alguna prueba de sus supuestos problemas con el régimen— pero se negó, alegando temer que las afirmaciones de Asperger de aquella época pudieran ser malinterpretadas (correspondencia personal con el autor, 29 de enero de 2017).
56. Lazar, 1923.
57. Hubenstorf, 2002: 320; Lazar, 1923: 161.
58. Michaels, 1935: 266, 274.
59. WStLA, 1.3.2.202, Personalakt Hans Asperger, Asperger to Magistratsdirektion Wien, 16 de septiembre de 1936, Beilage: Lebenslauf.
60. Asperger y Siegl, 1934. El segundo artículo se publicaría en 1937 (Asperger, 1937). No hay que confundirlo con el artículo publicado 1938 que lleva el mismo título, donde describió por primera vez un caso de «psicopatía autística» (Asperger, 1938).
61. Véase Bruck, Frankl *et al.*, 1932; Frankl, 1932, 1934, 1937a, 1937b, 1937c. Frankl había obtenido su título de médico en 1922 y en 1924 se hizo miembro de la Cámara Médica de Viena (WStLA, 1.3.2. 212.K1 Ärzte: Georg Frankl).

62. Una lista de académicos de origen austríaco compilada después de la guerra por las autoridades austríacas lo registra como «George Frankl, nacido en 1887; psiquiatra infantil, Centro Médico Universitario de Kansas, Kansas City» (DÖW, 6217 Liste von Gelehrten österreichischen Ursprungs in den Vereinigten Staaten, 1958).
63. Silberman, 2015: 122. «Anni Frankl, nacida en 25 de abril de 1897; Prof. Asistente de Psicología; Universidad de Kansas, Lawrence, Kansas» (DÖW, 6217 Liste von Gelehrten österreichischen Ursprungs in den Vereinigten Staaten, 1958).
64. Véase el libro sobre las universidades como campos de batalla ideológica de Hanak-Lettner, 2015.
65. Hubenstorf, 1988: 312.
66. Hubenstorf, 2005: 69, 112.
67. Friedmann, 2013: 181.
68. Hubenstorf, 2002: 320.
69. WStLA, 1.3.2.202, Personalakt Erwin Jekelius (*cf.* Ertl, 2012: 114). Jekelius publicó un artículo sobre pacientes del servicio (Jekelius, 1936).
70. Hubenstorf, 2005: 87-94, 104, 117-118.
71. Risak y Asperger, 1932; Universitätsarchiv Wien, MED PA 17, Personalakt Hans Asperger, «Curriculum vitae», sin fecha.
72. Eppinger se suicidó en 1946, presumiblemente, porque temía ser acusado en Núremberg por su implicación en experimentos médicos llevados a cabo en el campo de Dachau (Weindling, 2017).
73. Hubenstorf, 2005: 129.
74. Hubenstorf, 2005: 71-73, 112.
75. Donvan y Zucker, 2016: 330.
76. *Völkisch*, literalmente «popular», es un término conservador asociado a cierto tipo de populismo político y al folklore alemán, surgido durante el siglo XIX en el contexto de los nacionalismos románticos. Fue adoptado por el vocabulario nazi y quedó asociado al pangermanismo y a la «pureza racial nacional» alemana.

Denota una concepción de un *Volk* «pueblo único» formada por «lazos de sangre». [N. de la T.].
77. Feinstein, 2010: 17-18.
78. Asperger, 1957.
79. Asperger, 1962a.
80. ORF, 1978. La entrevista completa dura 50 minutos, de los cuales sólo tres y medio se dedican al período nazi y a la Segunda Guerra Mundial. El pasaje de su discurso inaugural de la cátedra vienesa de pediatría de 1962 dice lo siguiente: «La conexión que se había establecido entre nosotros durante numerosas conversaciones "peripatéticas" era tan fuerte, que él [Hamburger] se vio impelido en dos ocasiones a salvarme del arresto de la Gestapo, con un compromiso personal y considerable peligro para sí mismo, aunque sabía muy bien que mis convicciones políticas e ideológicas iban contra las suyas. ¡Nunca lo olvidaré!» (Asperger, 1962a: 937).
81. WStLA, 1.3.2.213.A1.155.150.30b,c, RdErl.d.RMdI. IVb 3.088/39-1079/Mi, 18 de agosto de 1939.
82. Gütt et. al., 1934.
83. Véase Asperger, 1942: 353.
84. ÖStA, Archivo Estatal Austríaco, AdR, Gauakt 36055 Hans Asperger, NSDAP, Gauleitung Wien a Franz Hamburger, 13 de julio de 1940.
85. WStLA, 1.3.2.202, Personalakt Hans Asperger, Geheime Staatspolizei, Staatspolizeileitstelle Wien a Personalamt Wiener Gemeindeverwaltung, 9 de noviembre de 1940.
86. Botz, 1988: 235.
87. ÖStA, Archivo Estatal Austríaco AdR, Gauakt 36055 Hans Asperger, STK/I-S- 9733, Staatskommissar Otto Wächter an das ehemalige Unterrichtsministerium, 7 de junio de 1939.
88. ÖStA, Archivo Estatal Austríaco AdR, Gauakt 36055 Hans Asperger, III D U/R/G1, Gaupersonalamt, 5 de enero de 1939: Asperger Dr. Johann, firma ilegible.

89. Correspondencia personal con el autor, 2 de diciembre de 2016.
90. Goldenberg, 2015.
91. Hansi Busztin, *Eitelkeit*, sin fecha; manuscrito inédito, de mediados a fines de 1980. Correspondencia personal con Anna Goldenberger (nieta de Hans Busztin), 22 de enero de 2017.
92. ORF, 1974; Asperger, 1962a.
93. Asperger, 1975.
94. Asperger, 1962b.
95. ORF, 1978.
96. WStLA, 1.3.2.202 Personalakt Hans Asperger, Hauptgesundheitsamt a Hauptpersonalamt, 28 de junio de 1943.
97. ÖStA, AdR, Gauakt 36055 Hans Asperger.
98. WStLA, 1.3.2.202, Personalakt Hans Asperger, Fragebogen, 7 de octubre de 1940.
99. Planner-Plann, 1938.
100. Hubenstorf, M., «Nazi Doctors in Vienna»; trabajo presentado en la conferencia *Austrian Physicians and National Socialism*, Viena, 16 de abril de 2015.
101. Véase Hubenstorf, 2005: 120-121.
102. Hubenstorf, 2005: 129, 134.
103. Hubenstorf, 2005: 126.
104. Hamburger, 1939: 142.
105. ÖStA, Archivo Estatal Austríaco, AdR, Gauakt 36055 Hans Asperger, Kreisleitung I. der NSDAP Wien a Ortsgruppenleiter, Fragebogen zur politischen Beurteilung, 6 de diciembre de 1938 (rellenado y firmado los días 4 y 23 de enero de 1939).
106. ÖStA, Archivo Estatal Austríaco, AdR, Gauakt 36055 Hans Asperger, Gaupersonalamtsleiter Stowasser, 1 de noviembre de 1940.
107. WStLA, 1.3.2.202, Personalakt Hans Asperger, Führer des SD-Leitabschnittes Wien a Personalamt der Stadt Wien, 14 de noviembre de 1940.
108. WStLA, 1.3.2.202, Personalakt Hans Asperger, Dozentenführer

der Universität (Dr. Marchet) a Dekanat, 17 de noviembre de 1942 y 15 de abril de 1943.
109. UAW, MED PA 17, Personalakt Hans Asperger, «Bestätigung», 22 de mayo de 1942. El procedimiento para obtener el título oficialmente fue suspendido a causa de la guerra.
110. Archivo privado de Maria Asperger Felder: Josef Feldner, carta, sin fecha. Citado en Asperger Felder, 2008: 104.
111. Para una historia del antisemitismo en Austria, véase Pauley, 1993.
112. Czech, 2018.
113. WStLA, 1.3.2.209.1.A47, 1938.
114. Czech, 2003: 90, 101.
115. WStLA, 1.3.2.209.1.A47, Kinderklinik; Heilpädagogische Station: Krankengeschichten 1938, Alfred S.; 1.3.2.209.1. A57, Psychiatrie: Krankengeschichten: Männer, Alfred S. De acuerdo con las leyes austríacas de protección de datos, en muchos casos (tales como documentos provenientes de archivos públicos) los nombres enteros sólo pueden publicarse si se confirma que la persona en cuestión está muerta.
116. DÖW, Walter Brucker.
117. WStLA, 1.3.2.209.1.A47, Kinderklinik; Heilpädagogische Station: Krankengeschichten 1938, Walter Brucker.
118. La palabra *Mischling*, derivada del verbo *mischen* (mezclar), ha quedado tiznada como parte del vocabulario racista antijudío de la época, que originariamente calificaba a perros y crías de animales domésticos. Equivaldría en español a «mestizo», «mezclado» o «híbrido». [N. de la T.].
119. WStLA, 1.3.2.209.1.A47, Kinderklinik; Heilpädagogische Station: Krankengeschichten 1938, Ivo P. La huella de Ivo P. en las oficinas de servicios sociales juveniles termina en 1943: 1.3.2.207.A6, KÜST-Kartei, Ivo P.
120. WStLA, 1.3.2.209.1.A47, Kinderklinik; Heilpädagogische Station: Krankengeschichten 1939, Marie Klein.

121. WStLA, 1.3.2.212, A 5/4, Gundel a Scharizer (Stellvertretender Gauleiter), 3 de abril de 1941.
122. WStLA, 1.3.2.209.1.A47, Kinderklinik; Heilpädagogische Station: Krankengeschichten 1939, Marie Klein.
123. Palabra que en alemán, en el contexto nacionalsocialista, equivale a «campaña, medida en contra». [N. de la T.].
124. DÖW, Marie Klein; DÖW, Wlodawa. http://ausstellung.en.doew.at/index.php?b=212&hl= wlodawa. Consultado el 18 de diciembre de 2016.
125. WStLA, 1.3.2.209.1.A47, Kinderklinik; Heilpädagogische Station: Krankengeschichten 1939, Lizzy Hofbauer.
126. Frankl, 1946.
127. WStLA, 1.3.2.209. 1.A56, Krankengeschichte Lizzy Hofbauer; WStLA, 1.3. 2.209.2.B5, Standesprotokoll 1941. Este caso contrasta con la afirmación posterior de Frankl según la cual Pötzl y él mismo habían trabajado juntos para transferir a pacientes judíos desde la Clínica Universitaria al Hospital Judío con el fin de salvarlos de la «eutanasia» (Frankl, 1995: 60-61).
128. Para una historia del antisemitismo en Austria, véase Pauley, 1993.
129. Asperger Felder, 2008: 102-104, 109.
130. Asperger, 1938 y 1944.
131. Asperger, 1938: 1314.
132. Bock, 1986: 233. El número total de esterilizaciones forzosas ente 1934 y 1945 se estima en 400.000 (Bock, 1986: 238).
133. Asperger, 1938: 1314.
134. Asperger, 1938: 1317.
135. Schirmer, 2002: 464; y más prudentemente Gröger, 2003: 206-207.
136. Gütt *et al.* 1934: 119.
137. Gütt *et al.* 1936: 124.
138. WStLA, 1.3.2.212.A7/7, «Richtlinien für die Beurteilung der Erbgesundheit», circular del Ministerio del Interior del Reich (18 de julio de 1940) IV b 1446/40-1072c.

139. Asperger, 1939: 943.
140. Asperger, 1942: 353.
141. Brill, 2011: 161-166, 178-192.
142. Asperger, 1944a: 135.
143. WStLA, 1.3.2.209.1.A47, Kinderklinik; Heilpädagogische Station: Krankengeschichten, Elfriede P. (1935), Kurt K. (1936).
144. Feinstein, 2010: 17; Silberman, 2015: 127-129.
145. Asperger, 1944a: 135.
146. Asperger, 1938: 1314.
147. Schmuhl, 1994. Hay quien pone en entredicho esta aseveración basándose en que la adopción de la terapia electroconvulsiva en la Alemania nazi fue más lenta de lo que se suponía anteriormente (van den Bussche, 2015; Rzesnitzek y Lang, 2017). Nuestro argumento en este contexto, sin embargo, se basa en el interés que el tema suscitó en la organización Aktion T4, lo que no se discute.
148. Asperger, 1938: 1314.
149. En 1941 Jekelius cayó en desgracia debido a su *affaire* con Paula Hitler, hermana del Führer, que vivía en Viena. A consecuencia de ello, fue alistado en el ejército y enviado al frente. Tras la guerra, Jekelius fue arrestado por los rusos y sometido a juicio, murió en una prisión de Moscú en 1952. Ministerio de Seguridad del Estado de la USSR, transcripción del interrogatorio de Erwin Jekelius, 9 de julio de 1949 (copia y traducción al alemán en DÖW 51401). Para más detalles sobre Jekelius, véase Czech, 2014b. La Acción T4 fue detenida en agosto de 1941 tras las protestas de familiares de las víctimas y de las iglesias. Sin embargo, en muchos hospitales psiquiátricos se siguió asesinando a pacientes hasta 1945 por inanición, negligencia y a menudo también por medios más directos como el envenenamiento o los electrochoques (Czech, 2012).
150. Asperger Felder, 2008: 102; Jekelius, 1936.
151. Hubenstorf, 2005: 172-173.

152. WStLA, 1.3.2.202, Personalakt Hans Asperger, Fragebogen für den Personalkataster, 27 de noviembre de 1940 y más documentos en el archivo.
153. Jekelius, 1942: 386.
154. Jekelius, 1942: 385.
155. En 1942, la clínica para la «eutanasia» fue renombrada y durante un tiempo llevó el nombre de «pedagogía curativa» en su designación oficial, una indicación más de que tal disciplina, lejos de estar amenazada por el régimen, ganó terreno al menos por un tiempo; WStLA, 1.3.2. 209.A1, Anstaltenamt, Normalien des Anstaltenamtes der Hauptabteilung V, A Nr. 500, 23 de noviembre de 1942.
156. Asperger, 1939: 944.
157. Asperger, 1941.
158. Otros ejemplos de la argumentación utilitaria de Asperger en favor de la Heilpädagogik se encuentran en (Asperger, 1939: 946 o Asperger, 1944a: 135). Argumentar que los niños con anormalidades necesitaban una ayuda especial para convertirse en miembros útiles de la sociedad (también para el ejército) era una estrategia común de los profesionales de la pedagogía curativa y de campos afines durante el Nacionalsocialismo. Véase por ejemplo Brill, 2011: 178-192.
159. WStLA, 1.3.2.213.A1.158.160.30, Tagesordnung der vom 31. August bis 4. September 1940 in Wien stattfindenden 47. Ordentlichen Tagung der Deutschen Gesellschaft für Kinderheilkunde. Conti se ahorcó en 1945 en una celda de la cárcel en Núremberg.
160. Riedel, 1940: 1161.
161. Nedoschill y Castell, 2001. Para las actas de la conferencia de Viena de 1940, véase Anónimo, 1943.
162. Brill, 2011: 166-175.
163. Entre 1950 y 1986, 6.459 niños fueron admitidos en el servicio de *Heilpädagogik*; de ellos, 228 casos (3,5%) fueron diagnosticados

con trastornos del espectro autista (74 «psicópatas autísticos», 83 casos de autismo infantil temprano, 71 casos con rasgos autistas) (Hippler y Klicpera, 2003: 293).
164. Por ejemplo, Silberman, 2015: 129, 216.
165. Asperger, 1944a: 128-132.
166. Asperger, 1938.
167. Asperger, 1944a: 85-103.
168. Asperger, 1944a: 108, 110-111.
169. El registro de pacientes del servicio de Asperger contiene información sobre unos 2.700 niños ingresados entre 1935 y 1949. La razón más común para el ingreso fueron «problemas educativos» (*Erziehungsschwierigkeiten*): WStLA, 209.1.B1018 (prov.), Kinderklinik, Index 1921-1964.
170. Heller, 1959: 8-9. El discurso de Heller también contenía poderosos argumentos contra el programa de esterilización forzosa que ya estaba desarrollándose en Alemania. Debido a su ascendencia judía, Heller fue una víctima temprana de la persecución nazi tras la *Anschluss*. Murió en diciembre de 1938, tras un intento de suicidio del que nunca se recuperó. Su mujer y su hija fueron deportadas más adelante y asesinadas en Riga (Asperger et al., 1959). *Dementia infantilis Heller* es el nombre que se atribuyó en su honor al que ahora es más conocido como trastorno desintegrativo de la infancia.
171. Fuchs, 2010.
172. Asperger, 1937.
173. Anónimo, 1943; para más detalles, véase también Schepker y Fangerau, 2016.
174. Berger, 2017; Sieder, 2015.
175. Asperger, 1952.
176. Schepker y Fangerau, 2016: 184.
177. Seidler, 1999: 756.
178. UAW, MED PA 17, Personalakt Hans Asperger, Prof. Franz Hamburger, Referaterstattung zur Habilitationsarbeit des Dr. Hans Asperger, 28 de diciembre de 1942.

179. WStLA, 1.3.2.202, Personalakt Hans Asperger, Personalamt a Leiter Personalamt, 9 de noviembre de 1940; Gemeindeverwaltung der Stadt Wien a Hans Asperger, 12 de noviembre de 1940. Asperger había trabajado a tiempo parcial para el programa de servicios sociales para niños desde 1936, aparte de tener su puesto de trabajo en la Clínica Pediátrica Universitaria.
180. ORF, 1978.
181. UAW, MED PA 17, Personalakt Hans Asperger, Prof. Franz Hamburger, Referaterstattung zur Habilitationsarbeit des Dr. Hans Asperger, 28 de diciembre de 1942. Después de 1938, el NSV se hizo cargo de muchos hogares infantiles; los niños política o racialmente «indeseables» fueron retirados de estas instituciones y concentrados en lugares como Spiegelgrund: WStLA, 1.3.2.212. A7, Parville a Vellguth *et al.*, 23 de junio de 1941; Erlass Vellguth, 5 de julio de 1942.
182. Para detalles sobre este «inventario hereditario» (*erbbiologische Bestandsaufnahme*) véase: Czech, 2007.
183. WStLA, 1.3.2.209.10.A1 (Spiegelgrund), Krankengeschichten: überlebende Knaben und Mädchen 1941-1945.
184. WStLA, 1.3.2.209.1.A47, Kinderklinik; Heilpädagogische Station: Krankengeschichten.
185. WAIS.
186. WStLA, 1.3.2.209.1.A47, Kinderklinik; Heilpädagogische Station: Krankengeschichten 1912-1944, expedientes de Gertrude S., Hildegard S., Helmuth R., Theodor M., Eduard G. (1940 y 1941), Elfriede V. (archivados en el apartado correspondiente a 1932, documentos de 1942), y Ernst T. (archivados en el apartado correspondiente a 1935, documentos de 1942). En el caso de este último, el Servicio Pedagógico Curativo mencionó al Departamento de Higiene Racial y Hereditaria que el padre de Ernst T. era judío, información que puso al niño en una situación de considerable peligro. El destino posterior del niño se desconoce.

187. WStLA, 1.3.2.209.10, Nervenklinik für Kinder, Krankengeschichten: überlebende Mädchen und Knaben 1941-1945, Adolf R., Otto S., Karl S., Charlotte H. Los términos «degenerativo» y «degeneración», a diferencia de hoy, se referían claramente a rasgos hereditarios negativos, en el mismo sentido que el hoy por hoy histórico término alemán *Entartung* (depravación o desnaturalización). Véase Baur *et al.*, 1932: 786-787.
188. WStLA, 1.3.2.209.1.A47, Kinderklinik; Heilpädagogische Station: Krankengeschichten 1912-1944.
189. Spring, 2009: 97, 144. Los 1.699 registros que sobreviven en Viena de procedimientos de esterilización iniciados muestran la siguiente distribución de edades: 13 años, 1 caso; 14 años, 5; 15 años, 22; 16 años, 31; 17 años, 44; 18 años, 76 (WStLA, 2.3.15.A1.1-3, Namensindex, Claudia Spring).
190. Spring, 2009: 115.
191. Spring, 2009: 116.
192. *Verordnung zur Ausführung des Gesetzes zur Verhütung erbkranken Nachwuchses*, 5 de diciembre de 1933, Reichsgesetzblatt Teil 1, Nr. 138, 1021.
193. WStLA, 1.3.2.209.1.A47, Kinderklinik; Heilpädagogische Station: Krankengeschichten, 15/1933, Therese B.
194. WStLA, 1.3.2.209.1.A47, Kinderklinik; Heilpädagogische Station: Krankengeschichten 1912-1944, expediente de Ernst M., 1930, Wiener Kinderklinik a Hauptgesundheitsamt, Erb- und Rassenpflege, 2 de marzo de 1942.
195. *Gesetz zur Verhütung erbkranken Nachwuchses*, 25 de julio de 1933, RGBl. I 1933, S. 529-31, §14.
196. DÖW 51983, Stadtschulrat für Wien a Stephan I., 22 de diciembre de 1939; Rosalia I. a Leo Navratil, 7 de enero de 1962; Susanne Zander a Maria Asperger Felder, 16 octubre 2009 (doy gracias a Kathrin Hippler por estos documentos).
197. Leixner, 1938.

198. DÖW 51983, Stadtschulrat für Wien a Stephan I., 22 de diciembre de 1939; Rosalia I. a Leo Navratil, 7 de enero de 1962.
199. Czech, 2012.
200. Czech, 2002.
201. WStLA, 1.3.2.209.10, Nervenklinik für Kinder, Krankengeschichten: verstorbene Mädchen und Knaben 1940-1945, Krankengeschichte Herta Schreiber, Heilpädagogische Abteilung der Universitäts-Kinderklinik Wien, Befund Herta Schreiber, 27 de junio de 1941, gez. Dr. Asperger.
202. WStLA, 1.3.2.209.10, Nervenklinik für Kinder, Krankengeschichten: verstorbene Mädchen und Knaben 1940-1945, Krankengeschichte Herta Schreiber. Junto a centenares de partes corporales de otros niños asesinados en Spiegelgrund, el cerebro de Herta fue conservado y usado para la investigación hasta décadas después del fin de la guerra. Los restos humanos fueron enterrados en 2002 en Viena; véase: Czech, 2014a.
203. WStLA, 1.3.2.209.10, Nervenklinik für Kinder, Krankengeschichten: verstorbene Mädchen und Knaben 1940-1945, Krankengeschichte Herta Schreiber, Einlagebogen, 13 de julio de 1941, sin firma.
204. Schmitz-Berning, 2007: 281-283.
205. Asperger, 1944b: 116.
206. WStLA, 1.3.2.209.10, Nervenklinik für Kinder, Krankengeschichten: verstorbene Mädchen und Knaben 1940-1945, Krankengeschichte Elisabeth Schreiber (nacida el 9 de octubre de 1936), Abschrift des Gutachtens der Univ. Kinderklinik Wien, 27 de octubre de 1941, Dr. Asperger.
207. WStLA, 1.3.2.209.10, Nervenklinik für Kinder, Krankengeschichten: verstorbene Mädchen und Knaben 1940-1945, Krankengeschichte Elisabeth Schreiber.
208. Klee, 2010: 114.
209. DÖW E 18.282, Vernehmung des Beschuldigten Dr. Illing, 22 de octubre de 1945, citado en Dahl, 1998: 44.

210. Hubenstorf, 2005: 172-173.
211. Czech, 2014b: 203.
212. Czech, 2014a.
213. Ministerium für Staatssicherheit der UdSSR, Verhörprotokoll des Inhaftierten Erwin Jekelius, 9 July 1948, Blatt 48/11f. (copia y traducción en DÖW 51401), también Klee, 1985: 208-209.
214. Schödl, 1940: 7.
215. Neugebauer, 1997: 298.
216. DÖW 7906, Luftpost, Royal Air Force, otoño de 1941.
217. ORF, 1978.
218. WStLA, 1.3.2.209.10, Nervenklinik für Kinder, Krankengeschichten: verstorbene Mädchen und Knaben 1940-1945, Krankengeschichte Ulrike Mayerhofer, Krankengeschichte Richard Draskovic.
219. En este caso, Asperger usó el término «autístico» en su sentido original bleuleriano de síntoma asociado a la esquizofrenia.
220. Czech, 2016.
221. Archivos Provinciales de la Baja Austria (NÖLA), Erlass der Reichsstatthalterei in Niederdonau (Gauselbstverwaltung), 9 de diciembre de 1941.
222. NÖLA, Reichsstatthalter in Niederdonau a Dezernat III b-2, 2 de marzo de 1942.
223. WStLA, 1.3.2.209.10, Nervenklinik für Kinder, B 4 Totenbuch.
224. NÖLA, Reichsstatthalter in Niederdonau a Dezernat III b-2, 2 de marzo de 1942.
225. WStLA, 1.3.2.209.10, Nervenklinik für Kinder, B 4 Totenbuch.
226. NÖLA, Heil- und Pflegeanstalt Gugging, Krankengeschichte Engelbert Deimbacher.
227. NÖLA, Heil- und Pflegeanstalt Gugging, Krankengeschichte Georgine Schwab.
228. No se han conservado todos los expedientes y los que han sobrevivido pueden no estar completos. De una muestra de 76 expedientes

de niños que murieron en Spiegelgrund o (en unos pocos casos) en Gugging, 21 de ellos contienen correspondencia con los padres. En 6 casos (incluyendo los mencionados más arriba), los padres pidieron que los niños les fueran devueltos (NÖLA, Heil- und Pflegeanstalt Gugging, Krankengeschichten der Kinderanstalt).

229. Los 30 casos de supervivientes con documentación detallada: WStLA, 1.3.2.209.10.A1 (Spiegelgrund), Krankengeschichten: überlebende Knaben und Mädchen 1941-1945, Leo A., Karl E., Walter G., Arnold H., Alfred H., Johann K., Franz K., Gottfried K., Rudolf N., Roman R., Johann R., Adolf R., Josef R., Otto S., Karl S., Gerald St., Rudolf St., Richard S., Johann T., Leopold V., Erich We., Erich Wi., Charlotte H., Edith H., Lucia K., Edith M., Charlotte M., Hildegard P., Helene P., Charlotte R. Los diez casos excluidos de la comparación directa entre Spiegelgrund y el servicio de Asperger debido a documentación insuficiente (pero incluidos en la muestra de 40): Anton R., Walter S., Erwin T., Mathilde H., Herta P., Margarete Schw., Margarethe Sch., Friedrich K., Theodor P. y Robert Sch.; los tres últimos pertenecen a WStLA, 1.3.2.209.1.A47, Kinderklinik; Heilpädagogische Station: Krankengeschichten.

230. Czech, 2014b: 201. Como ya se ha mencionado, el primer director de Spiegelgrund había recibido parte de su formación en el servicio de *Heilpädagogik*.

231. Czech, 2002.

232. Pueden encontrarse testimonios de supervivientes en http://gedenkstaettesteinhof.at/de/interviews.

233. Friedrich K. tenía poco menos de ocho años cuando, en marzo de 1942, Asperger le diagnosticó «personalidad autística» y un «estado psicopático severo»; según Asperger, el niño tenía «bajo nivel» intelectual pero a veces «sorprendía con buenas prestaciones en algunas áreas». Debido a su actividad «compulsiva», irresponsable e inmotivada y a su «anormalidad mental sustancial», Asperger consideró que Spiegelgrund era la única opción adecuada:

WStLA, 1.3.2.209.1.A47, Kinderklinik; Heilpädagogische Station: Krankengeschichten, 1942, Friedrich K. El niño fue transferido a Spiegelgrund en mayo de 1942 (via Kinderübernahmsstelle), donde permaneció diez meses hasta que se le envió al hogar infantil Wimmersdorf: WStLA, 1.3.2.207. A6, ficha Friedrich K.

234. WStLA, 1.3.2.209.10.A1, Krankengeschichten: überlebende Knaben und Mädchen 1941-1945, Gerald St., Asperger a BJA III, 30 de julio de 1941.

235. WStLA, 1.3.2.209.10.A1, Krankengeschichten: überlebende Knaben und Mädchen 1941-1945, Gerald St., 1. Psychologisches Gutachten, 11 de junio de 1942, firmado por Igor Caruso. Después de 1945, Caruso alcanzó la notoriedad en Austria como fundador de su propia escuela psicoanalítica. Su implicación en Spiegelgrund suscitó un acalorado debate tras una publicación de 2008 en la que el tema se planteó por primera vez (List, 2008).

236. WStLA, 1.3.2.209.10.A1, Krankengeschichten: überlebende Knaben und Mädchen 1941-1945, Gerald St., Ärztliches Gutachten, 22 de julio de 1942, firmado por Heinrich Gross y Ernst Illing. Después de 1945, Heinrich Gross llegó a ser uno de los psiquiatras más prominentes en Austria, gracias en parte a la explotación de las muestras de cerebro obtenidas de niños asesinados en Spiegelgrund (Czech, 2014a:112-114).

237. WStLA, 1.3.2.209.10, Nervenklinik für Kinder, Krankengeschichten: überlebende Mädchen und Knaben 1941-1945, Leo A., Befund, 27 de diciembre de 1940, firmado por Asperger.

238. WStLA, 1.3.2.209.10, Nervenklinik für Kinder, Krankengeschichten: überlebende Mädchen und Knaben 1941-1945, Leo A., Befund und Gutachten, 23 de septiembre de 1941, firmado por Heinrich Gross y Erwin Jekelius.

239. WStLA, 1.3.2.209.10, Nervenklinik für Kinder, Krankengeschichten: überlebende Mädchen und Knaben 1941-1945, Karl E., Befund, 25 de octubre de 1940, firmado por Asperger.

240. WStLA, 1.3.2.209.10, Nervenklinik für Kinder, Krankengeschichten: überlebende Mädchen und Knaben 1941-1945, Karl E., Führungsbericht und Gutachten, firmado por Margarete Hübsch y Erwin Jekelius, 19 de septiembre de 1941.
241. WStLA, 1.3.2.209.10, Nervenklinik für Kinder, Krankengeschichten: überlebende Mädchen und Knaben 1941-1945, Johann K., Befund, firmado por Asperger, 16 de septiembre de 1942.
242. WStLA, 1.3.2.209.10, Nervenklinik für Kinder, Krankengeschichten: überlebende Mädchen und Knaben 1941-1945, Johann K., Gutachterliche Äußerung, firmado por Ernst Illing, 6 de enero de 1943.
243. WStLA, 1.3.2.209.10, Nervenklinik für Kinder, Krankengeschichten: überlebende Mädchen und Knaben 1941-1945, Charlotte H., Heilpädagogisches Gutachten, firmado por Asperger, 20 de febrero de 1941.
244. WStLA, 1.3.2.209.10, Nervenklinik für Kinder, Krankengeschichten: überlebende Mädchen und Knaben 1941-1945, Charlotte H., Gutachterliche Äußerung, firmado por Ernst Illing, 5 de agosto de 1942.
245. WStLA, 1.3.2.209.10.A1, Krankengeschichten: überlebende Knaben und Mädchen 1941-1945, Johann T., Asperger a Wohlfahrtsamt der Bezirkshauptmannschaft Mödling-Liesing, 26 de noviembre de 1938.
246. Malina, 2007.
247. WStLA, 1.3.2.209.10.A1, Krankengeschichten: überlebende Knaben und Mädchen 1941-1945, Johann T., «Abschrift Küst» sobre Johann T., Befund Jekelius, 9 de mayo de 1941.
248. WStLA, 1.3.2.209.10.A1, Krankengeschichten: überlebende Knaben und Mädchen 1941-1945, Hildegard P., Heilpädagogisches Gutachten, firmado por Asperger, 2 de octubre de 1940.
249. WStLA, 1.3.2.209.10, Nervenklinik für Kinder, Krankengeschichten: überlebende Mädchen und Knaben 1941-1945, Hildegard P.,

Führungsbericht und Gutachten, firmado por Jokl y Jekelius, 29 de mayo de 1941.
250. Berger, 2017.
251. WStLA, 1.3.2.209.1.A47, Kinderklinik; Heilpädagogische Station: Krankengeschichten, Karl M. On the Wanderhof Herzogsägmühle, véase Eberle, 1994: especialmente 53-54.
252. WStLA, 1.3.2.209.1.A47, Kinderklinik; Heilpädagogische Station: Krankengeschichten.
253. Deutsche Dienststelle, Auskunft zur Wehrmachtdienstzeit des Dr. Hans Asperger, 28 de julio de 2015. Volvió a Viena el 22 de septiembre de 1945, después de varios meses como prisionero de guerra: WStLA, 1.3.2.202, Personalakt Hans Asperger, Inhaltsverzeichnis.
254. Schlarp, 1986: 161.
255. ORF, 1978. La elección de la expresión *niederschießen* (abatir a tiros) en lo que suena como un monólogo cuyo guion está cuidadosamente preparado, apunta al carácter particular de la experiencia bélica de Asperger, ya que sugiere más el asesinato de individuos desarmados que el resultado de una batalla. La siguiente observación de su libro de texto apunta a la misma dirección: «También durante la guerra, uno tenía que experimentar una y otra vez lo fuerte que podía llegar a ser la presión de lo "colectivo", qué hechos terribles era capaz de cometer un grupo de personas, algo que ninguno de ellos hubiera cometido por su cuenta en su vida civil» (Asperger, 1952a: 81).
256. ORF, 1978.
257. WStLA, 1.3.2.202, Personalakt Hans Asperger, Fragebogen, 7 de octubre de 1940.
258. UAW, MED PA 17, Personalakt Hans Asperger, Personalblatt, 1 de septiembre de 1945; Asperger a Professorenkollegium der med. Fakultät, 1 de septiembre de 1945. Sobre la desnazificación del personal médico en Austria, véase Czech, 2015b.
259. UAW, MED PA 17, Personalakt Hans Asperger.

260. ORF, 1978.
261. Hubenstorf, 2005: 196, Asperger, 1977: 217.
262. Este conflicto entre disciplinas también tuvo matices políticos, ya que la figura dominante en la psiquiatría juvenil después de la Segunda Guerra Mundial fue Walter Spiel, un socialdemócrata (Berger, 2017).
263. Asperger, 1952a: 2-3, 272, además de otros numerosos pasajes.
264. Asperger, 1952a: 55.
265. Asperger, 1952a: 79.
266. Asperger, 1952b: 31.
267. Asperger, 1952a: 93.
268. Gausemeier, 2004; Massin, 2003.
269. Lange, 1940.
270. Asperger, 1952a: 53-54, 140, 144, 207, 274.
271. Asperger, 1952a: 88. Este pasaje permaneció en el libro al menos hasta su cuarta edición, publicada en 1965. El autor quiere agradecer a Thomas Mayer la referencia. En relación con la «eutanasia» infantil, Asperger declaró su oposición fundamental a la idea de «vida sin valor» en una carta a un miembro de la junta de la Asociación Pediátrica Alemana en 1961, cuando la organización estaba enredada en una controversia sobre la pertenencia de tener como miembro a Werner Catel, uno de los tres «expertos» del programa de «eutanasia» infantil (Topp, 2013: 115).
272. Asperger, 1952a: III, 1-3, 53-61, 272.
273. Asperger, 1952a: 84, 85, con una referencia a Lombroso, 86-87, 125, 142, 194.
274. Asperger, 1950: 27. Asperger todavía usaba argumentos similares en la cuarta edición de su manual de *Heilpädagogik* (Asperger, 1965: 284-286).
275. Asperger, 1950: 24; Asperger, 1952a: 58-60, 197, 262-263.
276. Asperger, 1952a: 233, 250-256. Según un anterior colaborador suyo, en la relativa privacidad de la discusión sobre un caso, llamó

«puta» a una niña de seis años (Czipke, 2013: 141). Es coherente con el hecho de que en su libro de texto Asperger citara a Lombroso y sus ideas de «criminal nato» y «prostituta nata» (Asperger, 1952a: 85).

277. WStLA, 1.3.2.209.10.A1 (Spiegelgrund), Krankengeschichten: überlebende Knaben und Mädchen 1941-1945, Edith H.

278. Asperger, 1952a: 141, 194. El concepto de «neurosis de pensión» fue creado por psiquiatras alemanes tras la Primera Guerra Mundial. Sirvió para negar indemnizaciones a veteranos de guerra que sufrían de lo que hoy se llamaría trastorno de estrés postraumático (TEPT). Después de la Segunda Guerra Mundial, el concepto fue usado a menudo contra supervivientes de los experimentos médicos nazis, campos de concentración y guetos, también para negar los vínculos causales entre las experiencias de persecución y los efectos a largo plazo sobre la salud mental (Baumann, 2006: 166). Un trabajo publicado por Asperger en 1939 con su colega Heribert Goll demuestra hasta qué punto Asperger consideraba que las características innatas (aunque no necesariamente genéticas) determinaban rasgos de personalidad en la vida posterior. El artículo en cuestión se publicó en el periódico *Der Erbarzt*, editado por el higienista racial Otmar von Verschuer (1896-1969) (Asperger y Goll, 1939).

279. WStLA, 1.3.2.207.A1 Zöglingsakten, F-H, 1946. Doy gracias a Gertrude Czipke por estos documentos. Acerca del concepto de «personalidad epileptoide» véase Asperger, 1952a: 132-134. No hay ninguna indicación de que Max padeciera verdaderamente de epilepsia. El diagnóstico de Asperger se basó puramente en los rasgos de personalidad observados durante su interacción con el chico, que consideró típicos de los epilépticos.

280. Berger, 2017; Sieder y Smioski, 2012; Berger y Katschnig, 2013; Berger, 2009 y 2015.

281. Mayrhofer *et al.*, 2017; Eisenreich, 2013. En 2014, la ciudad de

Viena encargó un proyecto de investigación sobre este asunto, cuyos resultados se publicaron en 2017 (Mayrhofer *et al.*, 2017).
282. Berger, 2017: 611.
283. Kondziella, 2009: 59.
284. El otro médico austríaco a quien Kondziella incluye en esta categoría es Andreas Rett (1924-1997), descubridor del síndrome de Rett, antiguo miembro del partido nazi que se convirtió en una figura relevante de la neurología infantil austríaca después de la Segunda Guerra Mundial. Se centró en niños con discapacidades y demostró ser un defensor incansable y efectivo de éstos. Su planteamiento paternalista, su énfasis en la segregación, el uso de fármacos no aprobados a los que recurrió y su apoyo a la esterilización siguen siendo temas controvertidos (Mayrhofer *et al.*, 2017; Ronen *et al.*, 2009). Sin embargo, como Rett nació 18 años después de Asperger, sus respectivos casos son difíciles de comparar en lo referente al período nazi.
285. Sieder y Smioski, 2012; Berger y Katschnig, 2013.
286. Sobre el tema de los «epónimos corrompidos», véase entre otros Kondziella, 2009; Harper, 1996.
287. Silbermann, 2015: 140; Hippler y Klicpera, 2005: 37; Hippler, 2013: 22.
288. Czech, 2018.
289. Tras la publicación de mi artículo de 2018, Ami Klin y Steve Silberman revelaron que habían sido dos de los revisores (Baron-Cohen, Klin, Silberman y Buxbaum, 2018).

Posfacio
El lado oscuro de clasificar a las personas

Enric Berenguer

Hasta hace muy poco, la complicidad de Hans Asperger con el programa de eutanasia infantil llevado a cabo por los nazis en Austria desde 1940 había quedado oculta detrás de una versión idealizada a la que él mismo había contribuido decisivamente con sus declaraciones, como las de 1974 a la Radiodifusión Austríaca. En ellas corría un discreto velo sobre sus actividades más comprometidas y se postulaba como un defensor de los niños de los que se ocupaba. Llegó a insinuar que su acción había tenido un papel clave para evitarles desenlaces fatales y no tuvo inconveniente en decir —lo cual en sí mismo constituye un asalto a la verdad en toda regla— que se había arriesgado a ser represaliado por ello.

Los descubrimientos expuestos en este libro, resultado del riguroso y paciente trabajo del historiador Herwig Czech —en cuyo trabajo se han basado otros autores—, son concluyentes, a pesar de que él, con exquisita prudencia, dice que todavía es necesaria una investigación más amplia sobre el conjunto de la vida de su investigado. En todo caso, gracias a su empeño disponemos de pruebas de que Asperger no sólo fue responsable directo del cruel destino de algunos de los niños de los que se ocupó en su propio servicio, sino que además formó parte voluntariamente de una comisión de expertos destinada a clasificar a pacientes del Hospital Gugging para decidir cuáles cumplían los criterios para ser incluidos en el programa —secreto e ilegal incluso en la Austria nazi— de eutanasia de personas con dificultades de salud mental u otras que los hacían inútiles para el Reich y supuestamente nocivos.

La revelación de la verdad sobre Asperger tiene por sí misma gran alcance. Pone de relieve un aspecto a menudo soslayado en la opinión común sobre los crímenes nazis, aspecto crucial para entender lo ocurrido: que no pudieron llevarse a cabo sin una ancha base de colaboración profesional distribuida en diversas capas de la sociedad, con la contribución necesaria de formas de pensar, ideologías y movimientos de opinión muy extendidos. Una vez más se demuestra que son las palabras y los pensamientos los que matan, porque sin ellos no se llegarían a plantear siquiera formas de violencia como las que nos ocupan, que de ningún modo son obra de la improvisación ni de situaciones críticas que las hagan inevitables.

Algunos de los datos revelados en este libro, desconocidos hasta hace muy poco, ponen de nuevo en tela de juicio el papel de amplios sectores profesionales en el programa nazi y sus prácticas criminales. Por supuesto, no es la primera vez que se documenta la participación de médicos en ese sistema de deshumanización y exterminio. Figuras como la del Dr. Mengele son ya de sobra conocidas, alimentan la imaginación popular y han sido objeto incluso de trabajos cinematográficos destinados a obtener efectos catárticos en un público necesitado de emociones fuertes.

Pero a veces el énfasis puesto en figuras eminentes o excepcionales lleva a soslayar que los crímenes de los que se trata no son responsabilidad exclusiva de mentes de una crueldad extrema, cuyos rasgos sádicos desafían la imaginación. Es posible que figuras así tengan un protagonismo especial en determinados momentos, pero lo que resulta importante destacar es que ellas se limitan a poner en práctica acciones previstas en sistemas de pensamiento que suelen ser comunes.

En lo que a esto se refiere, el caso de Asperger ofrece gran interés, ya que demuestra una vez más que no es preciso ser un gran criminal ni tener vocación de serlo para formar parte significativa de un sistema criminal —y una parte decisiva para el destino de personas concretas.

Hay excelentes estudios de cómo personas corrientes pudieron integrarse en la maquinaria asesina nacionalsocialista, como es el caso del libro de Christopher Browning *Hombres ordinarios*.[1] Uno de los aspectos del libro de Browning que se puede aplicar a la historia de Asperger es el modo preciso y concreto en que demuestra que no es cierto, como él insinuó, que las personas que se negaron a colaborar en los asesinatos corrieran necesariamente un riesgo inminente de ser represaliados. No pocos lo hicieron y no fueron castiga-

---

1. Christopher Browning, *Aquellos hombres grises. Batallón 101 y solución final en Polonia*, Edhasa, Buenos Aires, 2002.

dos por ello. Entre otras cosas porque algunas de las órdenes y consignas nazis eran claramente ilegales incluso desde el punto de vista del ordenamiento jurídico alemán y austríaco, como es el caso del programa de eutanasia en el que Asperger participó.

En todo caso, Asperger no era un hombre ordinario. Su responsabilidad se situaba en otro nivel, no como responsable directo de asesinatos como los policías del Batallón de Policía 101 investigado por Browning, pero sí como parte de un aparato ideológico cuyos puntos de apoyo iban mucho más allá de los límites estrictos definidos por la pertenencia o no pertenencia al partido nazi NSDAP.

La sutil red de complicidades, beneficios, silencios, intereses creados, egoísmos particulares, la búsqueda oportunista de ascensos rápidos, incluso meteóricos, hizo de algunas corporaciones profesionales parte importante de lo ocurrido. Pero en el caso de los médicos hay una responsabilidad añadida en la medida en que parte de ellos participaban significativamente de una ideología racial y un higienismo social que fueron alimento del nazismo y de su aparato de legitimación.

En este sentido hay que tener muy en cuenta que el programa de «eutanasia» del que participó Asperger tuvo un papel fundamental como puesta a prueba de sistemas de clasificación de personas destinadas a su eliminación posterior, implicando la participación de un número importante de agentes de distintos estamentos. Fue también un modo de poner a prueba hasta qué punto una serie de profesionales corrientes, por decirlo de algún modo, estarían dispuestos a participar en un programa ilegal, codo con codo junto a significativos ideólogos y ejecutores nazis como el Dr. Jekelius, con quien Asperger colaboró.

La demostración de la aparente facilidad con que se podía tejer una compleja red de silencios, conveniencias y complicidades fue, sin lugar a duda, un precedente exitoso para lo que luego sería el programa sistemático de eliminación de los judíos de Europa a partir de la Conferencia de Wannsee del 20 de enero de 1942. Las cámaras de gas y otros sistemas de asesinato, como un aparato de electroshock adaptado con tal finalidad, amén de distintas formas de envenenamiento o la pura y simple inanición como métodos para quitar la vida a personas inocentes, previamente deshumanizadas por un discurso letal, se habían puesto a prueba antes en el programa Aktion T4.

Asperger beatificado, la ciencia excusada

Lo más sorprendente es la aparente candidez con la que la versión falaz de Asperger fue aceptada y apoyada por Uta Frith en su trabajo de 1991, que tuvo un papel esencial en la difusión de los trabajos de Asperger, reconociéndolos, tras Lorna Wing, como contribuciones fundamentales para la fijación de un «cuadro clínico» que hasta hoy ha seguido influyendo en el modo de concebir el autismo. Así, el nombre de Asperger quedó indisolublemente asociado a un trastorno en el que se combinarían importantes dificultades de relación y comunicación con una inteligencia conservada o incluso sobresaliente.

Frith, nacida en Alemania en 1941 y de origen judío, estudió psicología experimental en Saarbrücken antes de ingresar en el King's College de Londres y tuvo una posición del todo acrítica en la valoración de los antecedentes nazis de Asperger. Este hecho no nos llamaría la atención si no se hubiera involucrado de un modo explícito en la construcción de esa imagen del defensor de los niños que corre riesgos por su compromiso humanitario.

En todo caso, es una muestra de hasta qué punto resulta fácil eludir temas espinosos cuando por el motivo que sea se quiere preservar a un referente intelectual en un ámbito cualquiera del saber. Pero lo más significativo, en mi opinión, es el esfuerzo que se hace para sostener la idea de la neutralidad de todo aquello que se presenta como formando parte del ámbito de la ciencia. En este sentido, blanquear a Asperger forma parte de un modo, como mínimo ingenuo, de pensar las prácticas que se suelen considerar científicas como legitimadas por investigaciones basadas en presupuestos que excluyen de su ámbito factores personales, sociales y políticos.

Esto, que no es en absoluto cierto, lo es mucho menos en ámbitos tan complejos como el de la psiquiatría, cuyas investigaciones están inevitablemente vinculadas a la toma de decisiones con repercusiones legales, incluso de orden público e inseparables de interrogantes éticos. La estrecha articulación en cada momento histórico y en cada contexto social de las teorías y prácticas psiquiátricas con decisiones políticas y la gestión de las poblaciones es innegable y ha sido ampliamente demostrada.

Por supuesto, la ciencia de cada época sostiene su objetividad y protesta ante cualquier adjudicación de una función ideológica, pero son los historiadores, los antropólogos y los sociólogos quienes, casi siempre retroactivamente, revelan que esto nunca es del todo así. Por otra parte, ha habido pensadores como Foucault[2] que han expuesto de un modo original y ampliamente demostrativo hasta qué punto las teorías y las prácticas psiquiátricas y de salud mental están siempre estrechamente entretejidas con una dimensión profunda de lo político, que afecta a los aspectos más diversos y profundos de la vida humana en cada momento histórico.

Nada de esto debe conducir a una criminalización de la ciencia como tal, ni a un cuestionamiento generalizado del valor de cada una de sus investigaciones. Pero la perspectiva de su posible uso ideológico y sus repercusiones extracientíficas es una pregunta que sigue vigente y que debe plantearse en cada momento.

Seguramente Uta Frith actuaba con la mayor buena fe cuando pensaba que todo aquello eran cosas del pasado, ya que al fin y al cabo la ciencia «actual» de la que ella participaba y participa con sus investigaciones propias sobre el

---

2. Aparte de las referencias clásicas, en una perspectiva más actual: Michel Foucault, *Nacimiento de la biopolítica: Curso del Collège de France (1978-1979)*, Akal, Madrid, 2009.

autismo está libre de toda sospecha. Se trataba de pasar página sobre las posibles implicaciones de una ciencia de otro tiempo, con el convencimiento de que hoy todo es diferente. Por supuesto, en gran parte tiene razón, porque no estamos ya en la época de los grandes totalitarismos del siglo XX, en los que la ciencia participó de más de una manera decisiva en la implementación de proyectos de exterminio. Pero esto no excluye que mantengamos los ojos abiertos ante la función específica y las repercusiones de determinados discursos que se amparan bajo la autoridad de lo científico, y que tengamos en cuenta sus inevitables consecuencias políticas y sociales en el contexto que nos es contemporáneo.

Asperger y el TEA

¿Qué importancia tiene para nosotros, hoy en día, el origen del nombre de una categoría clínica como el «autismo» o, más en particular, el «síndrome de Asperger»? Una respuesta apresurada pero comprensible consistiría en decir que el conocimiento de sus antecedentes tiene a lo sumo un interés histórico, porque de hecho la «realidad» designada por ese nombre subsiste por sí misma con independencia del modo de nombrarla.

Pero la historia de Asperger y la imbricación del diagnóstico por el que es conocido con su práctica en un contexto social y político dado son un ejemplo excelente, en la medida en que nos demuestra la sutileza de las relaciones que se entretejen entre las investigaciones científicas, los presupuestos ideológicos y el compromiso social y político de sus actores. Nos demuestra también que la imagen que de sí mismos tienen los investigadores y los practicantes no son un indicador decisivo para valorar ciertas incidencias de su trabajo y el modo en que éste se inscribe en un contexto siempre complejo, donde los aspectos éticos son insoslayables.

El corolario de esta observación en absoluto insinúa que las investigaciones científicas no deban tener lugar, sino que sus protagonistas deberían aceptar el debate ético sobre sus principios y sobre las consecuencias de su acción, sin ampararse constantemente en la reivindicación de una objetividad supuestamente inatacable, repitiendo como un mantra la expresión «basado en la evidencia».

En lo que se refiere a la actualidad, las investigaciones de Asperger nos interesan como precedentes importantes para la construcción de la noción vigente de «trastorno del espectro autista» (TEA), que a partir de una definición ambigua y amplia ha empezado a convertirse en los últimos años en una obsesión en las preocupaciones sanitarias y epidemiológicas del mundo civilizado. El número de niños que reciben este diagnóstico ha aumentado exponencialmente, lo que ha supuesto la práctica desaparición de algunos diagnósticos en la infancia, en particular los relacionados con formas de psicosis infantiles, hecho por sí mismo muy preocupante porque puede invisibilizar cosas decisivas. Por otra parte, algunas variantes de la normalidad que no deberían ser sancionadas por un diagnóstico tienden a ser incluidas en un espectro demasiado amplio, o como mínimo se deja flotar sobre ellas cierta duda, y no queda claro que someter a un niño y a su familia a pruebas diagnósticas no del todo justificadas no tenga ya de por sí ciertas consecuencias. La práctica del «diagnóstico precoz del autismo», incluso en la consulta pediátrica común, como algunos proyectos proponen, implica una psiquiatrización preventiva de la infancia temprana.

El entusiasmo clasificatorio que caracteriza a la psiquiatría en las últimas décadas, unido al papel creciente que las listas de trastornos tienen en la asignación de recursos, así como en la decisión de políticas sanitarias, educativas y sociales, ha hecho que la cuestión del autismo no permanezca en el ámbito restringido de los debates entre especialistas, sino que ocupe un lugar importante en la psicología popular e incluso en el lenguaje corriente. Los efectos de esta enorme difusión son a veces chocantes, complejos y contradictorios. No es infrecuente que padres de niños muy pequeños que no manifiestan ninguna problemática particular, pero que todavía no han empezado a comunicarse mediante la palabra, se pregunten angustiados si su hijo será quizás «autista».

Un fenómeno actual, por tanto, es un nuevo tipo de epidemia. Pero ahora no se trata de epidemias como las ya famosas de la gripe o la peste. En efecto, en este caso no son epidemias de enfermedades sino de diagnósticos.

Los bucles diagnósticos

Cuando un diagnóstico se vuelve epidémico es porque los límites que definen la «enfermedad» en cuestión no son claros o, lo que es más ajustado al caso que nos ocupa, se amplían constantemente.

Esto no es así para una gran cantidad enfermedades de las que se ocupa la medicina, pero puede ocurrir en el ámbito específico de la psiquiatría o, más ampliamente considerada, la salud mental. Aunque, de hecho, también afecta a ciertas problemáticas tratadas por la medicina más común, en las que la definición de las fronteras entre lo normal y lo patológico están lejos de haberse establecido, tal como ocurre con toda una serie de situaciones ligadas directa o indirectamente al envejecimiento.

En todo caso, en el ámbito de la salud mental, la historicidad de los diagnósticos y las modas resultan innegables. El epistemólogo canadiense Ian Hacking estudió detalladamente el furor que suscitó en su día —años 1970 y 1980— el diagnóstico de «trastorno de personalidad múltiple» (TPM),[3] y se refería ya entonces a la tendencia de algunas etiquetas a volverse epidémicas debido, entre otras cosas, a factores culturales y políticos. El ejemplo de una categoría como la del TPM, que posteriormente ha vuelto a limitarse

---

3. Ian Hacking, *Rewriting the Soul: Multiple Personality and the Sciences of Memory*, Princeton University Press, Princeton, 1998.

a un uso meramente episódico, pero que en su momento llenaba páginas en los periódicos y en los informes clínicos, demuestra hasta qué punto bajo la justificación de un método supuestamente científico de observación siguen actuando factores subjetivos, individuales y colectivos, que formatean el modo en que percibimos la realidad.

No se trata de que no haya un núcleo de verdad en torno al cual se construyen ciertas teorías que a su vez dan lugar a modos de observación, terapias y métodos educativos, muchos de ellos válidos en un campo determinado de aplicación —mientras no pretendan convertirse en verdades absolutas y universales. Pero, los límites de los fenómenos observados y que se consideran relevantes, así como el significado que se les da, son tan variables que las categorías mismas se vuelven peligrosamente difusas. Esto se produce, en buena medida, por lo que Hacking llama *looping* (producción de un bucle), en virtud del cual, según él, ciertas condiciones humanas son interactivas, en el sentido de que el mismo hecho de nombrarlas, clasificarlas y diagnosticarlas —es decir, proponerlas como palabras clave que permiten interpretar y valorar aspectos complejos de la vida humana— las modifican.

Este fenómeno interactivo tiene lugar en parte porque un diagnóstico construye una identidad, da sentido, se propone como una forma de relacionarse con uno mismo y con otros, un modo de ser reconocido en la sociedad, una justificación para ciertas cosas, una interpretación fácil para cuestiones complejas, lo cual constituye finalmente un elemento fundamental para la construcción de grupos humanos en los que se comparten experiencias basadas en el reconocimiento mutuo. Y proporciona a muchos actores profesionales una guía de comportamiento, que les ayuda a tomar decisiones mediante procedimientos estandarizados, lo cual les aporta mucha seguridad. Así, el diagnóstico ha pasado de ser, como en el tiempo de Asperger, una práctica puramente autoritaria basada en un saber experto a constituir un fenómeno social complejo, inscrito en las nuevas formas de gubernamentalidad y en las paradojas actuales del individualismo de masas, el cual produce modalidades inéditas de malestar en la civilización, así como en su gestión.[4]

En el caso del autismo, los padres de personas afectadas han sido uno de los elementos fundamentales en la dimensión «epidémica» del trastorno. Su interacción con profesionales de distintos ámbitos, sus demandas a veces acuciantes, comprensibles por las enormes dificultades a las que se enfrentan, han incidido decisivamente en la construcción de criterios que configuran de un modo activo y decisivo las condiciones de aplicación del diagnóstico. Pero, sobre todo, desde este punto de vista, de lo que se trata es de un lenguaje y unas prácticas asociadas que dan forma y sentido a las experiencias de una creciente comunidad de personas que hasta ahora, al estar fuera de «la norma», se sentían relegadas y que de hecho lo eran en gran medida.

---

4. Eric Laurent, *El reverso de la biopolítica*, Grama, Buenos Aires, 2016.

A ello se añadió luego el factor, muy importante, de las contribuciones autobiográficas de personas con autismo, que cada vez más se han ido situando como referentes en la construcción de este marco de lenguaje e interpretación, participando activamente en la generación de criterios para los diagnósticos, así como en un debate sobre las distintas formas de terapia y otras medidas sociales y educativas. Sus voces son un factor importante en la construcción de lo que se podía llamar una comunidad de conocimiento.

Este proceso de bucle, específicamente en el diagnóstico de autismo, fue analizado con gran detalle en el libro de Gil Eyal y otros titulado *The autism matrix*.[5] Como ellos sostienen con perfecta razón, no se trata negar una realidad subyacente a lo que se llama autismo, pero en todo caso los modos de definirlo, diagnosticarlo y tratarlo son inseparables de un enorme conjunto de factores sociales y políticos. Ellos mismos constatan que mucho de ello ha tenido un efecto positivo, permitiendo que las dificultades de familias e individuos, antes dejados de lado por la sociedad, hayan accedido a formas de hacerse oír y despertar una nueva sensibilidad en relación a sus necesidades. Además, no cabe duda de que ese diálogo democrático ha sido capaz de generar un avance en el conocimiento, por procedimientos que no son los previstos por el método científico pero que hoy día resultan insoslayables en este ámbito, porque no cabe duda de que

---

5. Gil Eyal *et al.*, *The Autism Matrix*, Polity, Cambridge, 2010.

las formas humanas de sufrimiento no son objetos naturales que se puedan estudiar y clasificar como las plantas.

La ampliación del espectro del autismo ha tenido un efecto muy beneficioso en el sentido de que el interés despertado por los popularizados como «autistas de alto rendimiento» ha revertido en la atención a casos menos brillantes, dando lugar a una reivindicación de lo que se viene llamando «neurodiversidad», que también promueve actitudes de mayor tolerancia con las diferencias. Ha permitido que muchas familias puedan vivir de otro modo las dificultades de sus hijos y tengan hacia sus problemas una actitud de descubrimiento, con una disposición a producir pequeñas invenciones que les permite convertirse en los mayores «expertos» en sus hijos, participando en un amplio diálogo con profesionales y otras personas afectadas.

Pero esto también tiene sus riesgos cuando conduce a un efecto de inflación. Autores como Dowe Draaisma,[6] en sus investigaciones sobre las modificaciones de la concepción del TEA, se refieren a los «estereotipos del autismo» como un elemento decisivo, llegando a precisar que mucho de lo que la sociedad aprende sobre este particular se produce a través de las representaciones del autismo en novelas, series de televisión, películas cinematográficas. Esto genera una amplia comunidad de opinión que también influye en la comunidad de los profesionales y los investigadores, pero

---

6. Dowe Draaisma (2009), «Stereotypes of autism», en *Philosophical Transactions of the Royal Society* B, nº 364, págs. 1475-1480.

no siempre de la mejor manera. Efecto este último ampliado por la naturaleza consensual y estadística de los actuales manuales de diagnóstico como los de la serie del DSM. Así, en la línea de lo planteado tanto por Hacking como Draaisma y Eyal, los estereotipos que se generan contribuyen a dar forma a la población sometida a los diagnósticos, que a su vez cambian con esta experiencia.

Ellos también consideran, por otra parte, que estos estereotipos pueden intervenir excesivamente en el modo en que los padres interpretan el comportamiento de sus hijos, en cómo los profesores conciben las reacciones de sus alumnos, así como la concepción que se forma de sí mismo un adulto que se siente socialmente aislado. Todos estos factores, por tanto, han sido considerados por diversos investigadores como implicados en la ampliación creciente del campo de aplicación del diagnóstico de autismo, en particular a partir del extremo constituido por el tipo clínico aislado por Asperger.

Un problema adicional surge cuando lo que se construye socialmente es luego atribuido a una causalidad simple —orgánica o de otro tipo— que produce una reificación, una cosificación de las categorías, convirtiéndolas en realidades indiscutibles que luego se aplicarán rígidamente a una multitud de casos y situaciones. Paradójicamente, la ampliación de la categoría no impide que se la conciba de un modo estereotipado y unilateral, obviando los detalles que no cuadran con las expectativas. Las dificultades se agravan cuando se ignora la dimensión social y política que cada vez más adquieren los procesos de diagnóstico, con participación de grandes dispositivos de gestión de las poblaciones y los recursos disponibles.

Los efectos epidémicos de las clasificaciones (Gil Eyal y sus colaboradores extienden esta apreciación a diagnósticos como el TDAH y la anticipaban ya en su momento para el diagnóstico de trastorno bipolar en la infancia) también tienen sus consecuencias negativas, potencialmente peligrosas, en particular, cuando a través de protocolos y de prácticas de diagnósticos cada vez más precoces se corre el riesgo de agrandar el bucle de un modo pernicioso.

En el caso del autismo (algo que también se puede decir del TDAH), el ensanchamiento de la categoría clasificatoria coincide con la exigencia creciente de un diagnóstico cada vez más temprano. El problema más grave es un aspecto del bucle que ninguno de los autores mencionados ha tratado específicamente, pero que se deriva de sus planteamientos: ciertos diagnósticos en la infancia temprana corren el riesgo de interferir de un modo muy importante y constitutivo en la relación entre los padres y sus hijos, haciendo que variantes de la normalidad sean «patologizadas» y las expectativas negativas de un trastorno interfieran en el modo en que el niño es visto, representado y considerado por parte de sus mayores. Teniendo en cuenta las sutiles interacciones que reinan en la construcción del sujeto en la infancia más temprana, los riesgos que supone esta psiquiatrización precoz son tan elevados como difíciles de evaluar, por no decir imposibles.

La importancia de lo que está en juego, incluidas las decisiones que se toman desde instancias gubernamentales para decidir políticas, muchas veces bajo la presión de *lobbies* de distintos tipos, justifican la expresión *la batalla del autismo* que da título a un excelente libro del psicoanalista Eric Laurent.[7] En él da cuenta del enorme esfuerzo que han hecho los psicoanalistas para situar una especificidad del autismo con respecto a otras dificultades psíquicas, teniendo en cuenta una gran diversidad de investigaciones y aportando un enfoque basado en destacar la singularidad de cada caso. Su estudio de una gran diversidad de ellos, que tiene muy en cuenta las aportaciones autobiográficas de autores como Donna Williams o Temple Grandin, y que también incluye muchas observaciones de niños gravemente afectados, aporta una perspectiva basada en la valorización del detalle como algo que debe predominar sobre toda generalización. En este sentido, cada caso constituye su propia categoría, y de su estudio deben deducirse los modos del tratamiento, dentro de los cuales se han de tener en cuenta gran variedad de aspectos. La solución universal y única no existe.

Desde este punto de vista, el diagnóstico es un instrumento que ha de usarse con enorme prudencia, porque lo más decisivo de cada persona afectada pasa por la puesta en valor de formas singulares de estar en el mundo, teniendo siempre en cuenta una ley general que Freud puso de relieve:

---

7. Eric Laurent, *La batalla del autismo*, Grama, Buenos Aires, 2013.

en el dominio de lo psíquico, todo síntoma debe considerarse por un lado manifestación de un trastorno, y por otro, mecanismo defensivo que se puede considerar un intento de solución, y que como tal siempre tiene algo que se debe respetar, favorecer e incluso estimular. Las investigaciones y propuestas terapéuticas que promueven un abordaje basado en la singularidad, donde las clasificaciones tienen un papel meramente orientativo, provisional y secundario, hacen compatibles diversos planteamientos que respeten la multidimensionalidad del tratamiento, la libertad de elección y el respeto a las formas, aunque sean limitadas, en las que el propio sujeto manifiesta sus preferencias y sus rechazos.

Dentro de esta perspectiva, las vías de colaboración entre abordajes distintos son muy amplias y en la práctica ya están sucediendo, de un modo que no siempre se refleja en las querellas interminables a las que asistimos en ciertas instancias, en las que lo que está en juego, más allá de un lenguaje a veces pseudocientífico, es la lucha por la asignación y el control de recursos. Pero la realidad tan compleja y diversa de lo que está en juego impide explicaciones únicas y alternativas terapéuticas únicas, excluyendo la reducción de las múltiples necesidades de una persona y una familia a una óptica simplificadora.

De los días de Asperger a nuestros días

Es obvio que el mundo ya no es el que era cuando Asperger inició su andadura. La psiquiatría de hoy, o lo que queda de ella, forma parte de una sociedad que ha experimentado una profunda democratización, en la que los saberes de los expertos están mucho más conectados de lo que se suele reconocer con los movimientos de la opinión pública. De hecho, nos hemos desplazado desde un escenario donde el diagnóstico era un poderoso instrumento en manos de un poder autoritario, con la consecuencia de efectos peligrosos, potencialmente letales, de segregación, a un escenario en el que en gran medida las personas se autodiagnostican y acuden a las instancias pertinentes para confirmar sus expectativas. Esto ocurre en el ámbito específico del TEA, pero también ocurre en el de otros diagnósticos como el TDAH, así como empieza a suceder en el de los supuestos trastornos bipolares en la infancia y ya viene sucediendo con la cada vez más común práctica de modificación de género.

Estos nuevos funcionamientos de los diagnósticos implican una modalidad nueva, paradójica, de autosegregación, mediante la cual cada usuario ocupa hasta cierto punto el lugar de la figura del diagnosticador, o al menos lleva a cabo cierta modalidad de prediagnóstico cuando elige acudir, a partir de informaciones que circulan por distintos medios, a un dispositivo muy especializado. Esta clase de dispositivos ultraespecializados muestran una clara tendencia a cumplir las expectativas previas, por motivos en parte obvios pero que sería muy largo explicitar aquí. El resultado no siempre va en la buena dirección.

Esto es así porque, como las investigaciones de Herwig Czech demuestran para Asperger en su época, la práctica del diagnóstico resulta inseparable de un contexto social y unas expectativas determinadas. La historicidad que él demuestra en el modo, por parte de Asperger, de construir su «psicopatía autística», corresponde a la historicidad del diagnóstico actual del «trastorno del espectro autístico». Los diagnósticos siempre han sido factores de identificación, con consecuencias en la vida de los sujetos, por mucho que hayan estado siempre amparados por las garantías del discurso científico de cada época. Nuestra sociedad ya no es la del tiempo de Asperger, por eso las categorías que empleamos son distintas y se producen de otro modo.

Hoy en día, los diagnósticos tienen una cara amable como mecanismo para la obtención de recursos que quedan fuera del alcance del usuario si no tiene la etiqueta adecuada. También generan expectativas de reconocimiento social de un malestar personal. Pero ésta puede ser una facilidad engañosa. No cabe duda de que el acceso a programas de atención puede tener efectos beneficiosos. Y el reconocimiento puede producir alivio. Mas ¿a qué costa? Esta pregunta resulta difícil de responder, pero al menos en el campo cada vez más extendido de los esfuerzos por un diagnóstico cada vez más precoz asistimos a una creciente psiquiatrización de la infancia, de tal modo que las etiquetas diagnósticas ocupan un lugar cada vez mayor en la forma en que es identificado, tratado y encaminado un niño desde que nace.

Esto puede tener consecuencias de segregación que son difíciles de prever, además de la imposición de estereotipos que muchas veces impiden ver con mayor objetividad problemas reales que requieren quizás un modo de atención muy distinto. Los estereotipos pueden estar condicionando ya demasiado las formas de ser tratado y educado, además de impedir que se tengan en cuenta otros síntomas o problemáticas que se ignoran activamente para satisfacer las expectativas de un estereotipo.

Por debajo de todas estas cuestiones concretas podemos ver un debate de fondo sobre la concepción del ser humano. Es innegable una tendencia actual a buscar en la biología, y particularmente en la genética, las respuestas estándar a todos los problemas de la vida humana, también a sus interrogantes de siempre.

Hace ahora ochenta años, Asperger estaba decidiendo el destino de algunos niños en base a consideraciones supuestamente realistas sobre la configuración de su cerebro. Hoy en día corremos el peligro de convertirnos nosotros mismos, cada uno, en nuestro propio Asperger, buscando las respuestas a todos nuestros interrogantes en ideas sobre «nuestro cerebro». Ignorando que, como siempre ha ocurrido con los descubrimientos de la ciencia, serán sustituidos por otros dentro de un tiempo en condiciones históricas y sociales que ahora no podemos conocer ni anticipar.

Lo que sin duda se puede decir es que la historia de Asperger muestra hasta qué punto la fascinación de un nombre, teñido en este caso por los prestigios de la ciencia y el valor añadido de un «defensor de los niños», ha contribuido a la construcción de una categoría diagnóstica que ha tenido un papel importante en la configuración de la psiquiatría infantil actual (que atraviesa por otra parte una profunda crisis). Pero esto, más allá de los límites de la psiquiatría misma, influye en el modo de entender a nuestros niños, interpretar sus problemas y buscar soluciones. Todo ello a partir de un rasgo que resulta atractivo para una sociedad como la nuestra, que da un gran valor a la inteligencia por encima de otras cualidades. Por eso, muchos padres están mejor dispuestos a que su hijo reciba un diagnóstico con el que se reconoce que, a pesar de sus dificultades, «es muy inteligente».

¿Qué efectos están teniendo estas construcciones, estas ventanas sobre el mundo que son los diagnósticos con los que hoy identificamos a las personas y éstas se identifican a sí mismas o identifican a sus hijos? Tengo el privilegio de sostener desde hace años una conversación y colaboración constantes con psiquiatras y psicólogos que trabajan en dispositivos públicos de salud mental. Lo menos que puedo hacer es transmitir su preocupación por la forma en que, de un modo cada vez más frecuente y sistemático, diagnósticos como TEA y TDAH, atribuidos a cada vez más personas en algún momento de la infancia, se encuentran presentes en proporciones crecientes y anómalas en historiales de adultos atendidos en la actualidad por dolencias psiquiátricas importantes, a menudo en el campo de las psicosis de índole esquizofrénica y paranoica.

Los profesionales de la salud mental se preguntan con razón por el papel negativo que algunos diagnósticos hechos en la infancia temprana pudieron tener, ya sea porque incidieron de algún modo en la relación entre el niño y sus padres, empobreciendo la relación, o porque impidieron escuchar adecuadamente otro tipo de necesidades y manifestaciones. Por otra parte, también se preguntan si los rígidos protocolos que a veces se aplican una vez que estos diagnósticos están establecidos impiden identificar síntomas que hubieran necesitado otra respuesta y orientan los tratamientos de un modo reduccionista, olvidando la globalidad y la multidimensionalidad de toda problemática humana.

Después de todo, uno se pregunta qué efectos puede tener ser visto por tus padres, desde la infancia más precoz, como un cerebro con dificultades, como un «síndrome». El diagnóstico puede ser un instrumento que abra posibilidades a la vida, pero también puede tener efectos nocivos.

Asperger puede seguir siendo decisivo para la vida de muchas personas, de un modo que seguramente él no previó. Y los trabajos de Herwig Czech son muy importantes porque nos permiten adoptar una perspectiva sobre nuestro presente que nos resulta muy necesaria. Solemos mirar el pasado con gran condescendencia y damos por supuesto que nosotros hemos superado todos aquellos problemas con los que tropezaron quienes nos antecedieron. Pero del mismo modo en que ellos no siempre supieron tomar las mejores decisiones y se engañaron en relación con sus responsabilidades y motivaciones, eso nos puede pasar igualmente a nosotros. Asperger se creía tan justificado en «la evidencia» como cualquier protagonista contemporáneo del problema que nos ocupa.

El valor de los archivos

En una época como la nuestra, en la que hay una tendencia a inventar la verdad que más conviene a cada cual, el trabajo paciente de visitar los archivos, interpretarlos, decir las cosas por su nombre, resulta esencial. Los datos precisos, los documentos, los testimonios vuelven hasta nosotros con toda la fuerza, nos hacen vivir en directo lo que para algunas personas fue un presente tan real como para nosotros lo es el nuestro. Y nos permite rescatar voces olvidadas. Como la de aquella niña judía de doce años que, según Asperger, en un historial clínico que nos ha llegado gracias a la labor de Herwig Czech, parecía «loca» porque creía que había una persecución antijudía.

Esto era en 1939, en todo caso posteriormente a la Noche de los cristales rotos (*Kristallnacht*) del 9 de noviembre de 1938, cuando la gran mayoría de las sinagogas de Viena fueron destruidas y la población judía fue sometida a un ataque brutal —más de 6.500 personas fueron detenidas y 5.000 tiendas resultaron destruidas y saqueadas. Ante estas palabras consignadas como si tal cosa en un informe es difícil no pensar en una posición cínica por parte de quien las escribe. Herwig Czech, con su exquisita prudencia, dice que son una muestra de una completa falta de empatía. ¡No deja de ser curioso en quien alcanzó la celebridad por diagnosticar una modalidad de autismo!